蒋维乔 著

佛学綱要 佛教概論

近现代佛学名家名著

图书在版编目(CIP)数据

佛学纲要 佛教概论／蒋维乔著. —上海：上海
古籍出版社，2021.3
（近现代佛学名家名著）
ISBN 978-7-5325-9875-5

Ⅰ.①佛… Ⅱ.①蒋… Ⅲ.①佛学 Ⅳ.①B94

中国版本图书馆 CIP 数据核字(2021)第 032458 号

近现代佛学名家名著

佛学纲要 佛教概论

蒋维乔 著

上海古籍出版社出版发行

（上海瑞金二路 272 号 邮政编码 200020）

(1) 网址：www.guji.com.cn

(2) E-mail：guji1@guji.com.cn

(3) 易文网网址：www.ewen.co

江阴市机关印刷服务有限公司印刷

开本 890×1240 1/32 印张 9.125 插页 5 字数 181,000
2021 年 3 月第 1 版 2021 年 3 月第 1 次印刷
印数：1—3,100

ISBN 978-7-5325-9875-5

B·1194 定价：52.00 元

如有质量问题，请与承印公司联系

佛学纲要

目　录

自序 …………………………………………………… 7

例言 …………………………………………………… 11

第一章　绪论 ………………………………………… 13
　　第一节　什么叫做佛学 …………………………… 13
　　第二节　研究佛学怎么样下手 …………………… 14
　　第三节　佛学和学佛须要分别清楚 ……………… 16
第二章　佛教的背景和它成立的原因 ……………… 18
　　第一节　佛出世前印度的思想界 ………………… 18
　　第二节　佛出世前印度的社会 …………………… 20
　　第三节　佛教成立的原因 ………………………… 21
第三章　释迦牟尼的略史 …………………………… 24
　　第一节　释迦成道以前的状况 …………………… 24
　　第二节　释迦成道的时期 ………………………… 26
　　第三节　释迦的转法轮 …………………………… 28

　　　　第四节　释迦的入涅槃 …………………………………… 30

第四章　佛教的立脚点和它的教法 ………………………… 32

　　　　第一节　佛教立脚点在乎人生的多苦观 ………… 32

　　　　第二节　佛家的教法 ………………………………… 34

第五章　释迦灭度以后弟子结集遗教 …………………… 42

　　　　第一节　第一次结集 ………………………………… 42

　　　　第二节　第二次结集 ………………………………… 44

　　　　第三节　第三次结集 ………………………………… 47

　　　　第四节　第四次结集 ………………………………… 49

　　　　第五节　大乘经典的结集 ………………………… 50

　　　　第六节　秘密经典的结集 ………………………… 52

第六章　佛教在印度的盛衰 ………………………………… 55

　　　　第一节　小乘佛教的分裂 ………………………… 55

　　　　第二节　大乘佛教的发展 ………………………… 56

　　　　第三节　大小两乘的分别 ………………………… 61

　　　　第四节　印度佛教的衰颓 ………………………… 62

第七章　佛教传入中国的状况 ……………………………… 65

　　　　第一节　佛教东传的时期 ………………………… 65

　　　　第二节　历代的译经事业 ………………………… 67

　　　　第三节　各宗的次第成立 ………………………… 74

第八章　大藏经的雕刻 ……………………………………… 85

　　　　第一节　国内雕印的大藏经 ………………………… 85

　　　　第二节　国外雕印的大藏经 ………………………… 88

第九章　佛教的研究方法 ······················· 93

　　第一节　佛教大体的研究 ·················· 93

　　第二节　佛教历史的研究 ·················· 94

　　第三节　佛教教理的研究 ·················· 95

　　第四节　经论的研究 ······················ 100

第十章　佛家的修行方法 ······················· 109

　　第一节　戒定慧三学 ······················ 109

　　第二节　禅观 ···························· 114

　　第三节　念佛 ···························· 117

　　第四节　持咒 ···························· 123

第十一章　结论 ······························· 126

自　序

　　有一天，我友舒新城来说："中华书局现在拟编一套《百科丛书》，专供中学程度的人阅读；拟定的目录中间，有《佛学纲要》一种，要请您担任；但有两个条件：一是不可太深；二是要用白话。"我听他这话，想了一想，颇难立刻回答。因为佛教的本身，是建筑在理智上面的，比任何宗教来得精深博大，要说得十分浅近，根本上就有点为难；至于白话文字，我向来虽没有做过，倒可以迁就的。

　　隔了几天，舒君居然送到正式函件，一定要我担任这工作。我想三十几年前，自己研究佛典，得不到浅近入门书，枉费了无数的冤枉功夫，回想起来，真不值得。倘然能借这机会做一部浅近的书，方便方便初学的人，叫他们不再像我的暗中摸索，有一条坦坦平平的路可以向前走去，也是很有益的，就毅然答应下来。

　　答应是答应了，但是怎样着手，方可以真正达到"浅近"两个字呢？这不是容易的事。左思右想，经过多日，方才得到三条原则：一、是佛学上的专门名词不易了解，最为初学的难关。这书于专门名词，可以少用，就舍而不用。遇到必用的名词，随时拿这名词界说意义，讲明以后，方叙述下去。倘若行文时不便多加说明，就在本句底下加以夹注。二、是佛学上高深的道理，也为初学所不能明了的。这书多采事实，少谈玄妙，只将佛学上根本原理详细说明。此外各宗的广泛的学说，概从省略。三、是佛家的修道方法，各宗派别不同，也很复杂。这书也不一一罗列，只将简单而可以实践的说明大略。定了这三条原则，方才着手编辑。如今全书告成，拿来翻阅一过，似乎中学程度的人可以懂得。现代关于佛学的入门书，恐怕再要比这书浅近，是没有的了。

我提笔做白话文，这还是第一次。但是我并不是主张文言反对白话的人，从前所以不大做白话的缘故，因为文言简短，白话冗长，三句两句就可了的文言，改用白话，或须七八句、十几句方可说完。我好几十年用惯了文言的工具，一旦要改做白话，倒反觉得费事。从前不大做白话，就不过为这点小关系，并没有什么新旧的成见在那里。记得民国八九年时候，我在北平，这时我国的白话大家胡适之，正在大吹大擂，提倡白话文。有一天，我在友人陈颂平桌上看见适之写给颂平一个字条，却全是文言，旁边特加小注云："事繁不及作白话。"可见彻底主张白话的人，到忙的时候，也不得不用文言；并且还要特别声明，所以暂时不做白话的缘故，免得人家疑心他改变节操。拿这件小小故事来引证，可见事繁的人，又是向来用惯文言工具的，不肯轻易做白话，不足为奇了。

我做完了这部书，也觉得白话有许多好处。往往有文言中不能�人的说话，在白话中写来，可以畅所欲言，觉得头头是道，平添读者许多兴味。况且舒君新城规定的《百科全书》，每册拿五万字为限；讲到佛学的材料，就是十万字、二十万字也可以写不完的。我这部书，依照上面三条原则去搜材料，当然有一大部分不能适用，所以反觉得枯窘，几几乎五万字还凑不满；幸亏是白话，可以多说几句，方才能够合格，否则恐怕不能交卷了。但是我做的白话，是正正当当的语体，不像那些时髦人，一开口就拿下等人的粗言鄙语涂得满纸，中间还要夹入许多古奥的成语在里面，自家以为独倡的格局，人们也因为他是当代伟人的手笔，不敢加以非难。这种妖模怪样的白话，尽管有人恭维他是圣人，我是绝对不敢赞成的。

蒋维乔

例　言

一、这书共十一章，凡是佛教的起原、变迁、传布，以及教理、经典、修道方法等，都已完备，阅读以后，可以得到佛教全部的概况。

一、我国研究佛学的人，向来不注意到入门书籍，所以初学的人徒然望洋兴叹。这书是弥补这种缺憾的。

一、这书于专门名词，随时说明，或加夹注，所以各章后面不必另加注释。

一、这书中间引用的经典，必注明某书第几卷，以便学者找寻原书。

一、这书遇地名、人名，凡是有西文的，都拿西文附注于下，以便学者将来可参考外国典籍。

一、这书于历史年代，都注明公元纪年，以便前后贯串。

一、这书引用的中外参考书，都将书名、著作者、出版处于卷末另列详表。

第一章　绪论

第一节　什么叫做佛学

佛陀的意义　这个"佛"字，是从印度梵文里翻译出来的名词；如果拿梵文声音，完全翻出，就是"佛陀"（Buddha）两字；它的意思，就是觉者。这觉者又含三种意义：一曰自觉；二曰觉他；三曰觉行圆满。什么叫做自觉？就是说佛自己先能觉悟。什么叫觉他？是说佛不单是自己觉悟，并且化导他人，叫他人也能觉悟。什么叫觉行圆满？是说佛自己觉悟，又觉悟他人，这两种德行已到了圆满无缺的地位。然这"佛陀"两字，平常习惯用省略的称呼，就叫做佛。

佛教与佛学　世界无论那种宗教，各宗各有依据的哲理，然多少总带些迷信的色彩，惟有佛教的基础，是完全建筑在理智上的。所以包含的哲理，很高很深，非但任何宗教所不能及，就拿东西洋的各种哲学来比较，也没有那一种哲学能够赶得上的。我们略去佛家的宗教形式，单拿它的学理来讲，也就觉的包罗万有，趣味宏深，这是稍微涉猎的人所公认的。用这等方式，当作一种学问去研究，就可以叫做佛学。

第二节　研究佛学怎么样下手

大藏经与一切经　佛家的经典，全部整个儿的，称为"大藏经"，又叫做"一切经"。这名词是什么时候起的呢？那是隋朝开皇元年，命京师以及诸大都邑地方，一律用官家经费，抄写"一切经"，安放在各寺院里，又另外抄写一份，藏在皇家的秘阁里面，就是"藏经"和"一切经"两个名称的来源。照此看来，"藏"字最初是含有贮藏的意味，到后来又加添了包藏丰富的意味。

经律论三藏　藏经的内容，分为三大部分：一曰经藏；二曰律藏；三曰论藏。经藏的梵音，叫做素呾缆（Sūtrapiṭaka），乃是记录佛的言说。素呾缆的本义，是用线去贯串花鬘（花鬘，是印度人的装饰）的意思。佛的言说，能够贯串一切的道理，所以拿素呾缆来做比喻。我国古来称圣人的言说为"经"。"经"字的义，训为常，训为法，其意是指圣人的言说，就是常道，是可以为世间所取法的；并且织布时，直线为经，横线为纬，也有用线去贯串的意思。所以古时翻译的人，就译素呾缆藏为经藏。律藏的梵音，叫做毗奈耶（Vinayapiṭaka），乃是佛所定的戒条。毗奈耶的本义是灭，谓佛弟子遵守这种戒条，可以消灭身口意三业的过恶的意思（我们有所造作名为业。一切造作的业，不外身的动作、口的说话、心的主使，这叫做身口意三业），和我国的律令，意味相同。所以古时译毗奈耶藏为律藏。

论藏梵音，叫做阿毗达磨（Abhidharmapiṭaka），阿毗译为"对"，达磨译为"法"，就是用对观真理的智慧，得到的涅槃妙法的意思（涅槃是梵音，译为寂灭。佛家超脱生死，到得不生不灭的地位，名曰涅槃）。换句话，论藏所收录的，大抵是菩萨（菩萨是梵音，译为觉有情，言其既能自己觉悟，又能度脱众生。众生有生命情感，故称有情；菩萨之地位，次佛一等）发挥经义、教诫学徒的议论。学徒得这种教诫，就能观察其理，发生智慧；照此方法修行，可以超脱生死的苦，到达不生不灭境界。

研究藏经的下手方法　提到"大藏经"，那就是一部二十四史，正不知从何处说起了。这部庞大的经，卷帙的繁多，义理的高深，文字的古奥，三件的中间，有了一件，就能叫学者望洋兴叹，况且这三件都是完备的呢！然而我们不要害怕，凡是一种学问，无论怎么样艰难，总有下手的方法。这方法，先要提纲絜领，晓得它的来源和大概，寻到入门的径路；然后就我们天性所近的，去细加研究；研究时当然要用泛览和精读两种功夫。

但是佛学进中国以后，发达经过几千年，恰从来没有人为初学做过入门的书。近数十年中，方才有人注意到此，出了几部《佛教初学课本》《佛教问答》等书，著者亦曾做过《佛学大要》《佛教浅测》两书；然而不是失之太深，就是失之太略。这也难怪，凡百事体，在草创的时期，这种毛病总是免不掉的。如今做这部《佛学纲要》，就要竭力达到详略得当、文理明白，叫读者容易了解的地步。

第三节　佛学和学佛须要分别清楚

佛学与学佛是两件事　佛学是一件事，学佛又是一件事。二者骤然看来没有分别，实则大有分别，学者不可不先弄清楚。怎么叫做佛学？就是深通经典，精研教理，成为博闻强记的学者；这种全在知识方面用功，可以叫做佛学。怎么叫做学佛？原来我佛教化众生的本意，是叫人依照他的方法去修行，得以超出生死苦海，方算成功。所以佛所说的种种经典，那是对众生的种种毛病开的药方，并不是叫人熟读这张药方里的药名，就算了事；是要拿药吃下去，除掉病根的。病根果然除掉，这药方就用不着的了。我们能够依照佛法修行，从精神方面用功，方可叫做学佛。

说食不饱的譬喻　佛经上长长提到一句话，叫做"说食不饱"（"如人说食，终不能饱"，语见《楞严经》卷一）。这话是什么意思？是说我们饥饿时，总要想吃；吃时，总要想饱。那是人人相同的。倘然有一种好说空话的人们，对着饥饿的人，说得天花乱坠，罗列许多山珍海错，单有空名，并没有食物，结果枉教饥饿的人，听是听得有味，腹中仍不得一饱，这就叫"说食不饱"。就是譬喻佛经里面的道理，穷高极深，我们单从知识方面去求广博的学理，不从精神方面去求实在的受用，那么和"说食不饱"毫无两样。所以我们起初研究佛学，结果还是学佛要紧。

问题

一　研究佛学和寻常学问不同之点？

二　经律论三藏之意义如何？

第二章　佛教的背景和它成立的原因

第一节　佛出世前印度的思想界

佛教产生的背景　大凡一种宗教的产生，必有它的背景，决非无缘无故突然出来的；佛教当然也不能逃出这个公例。原来印度古代有婆罗门（Brāhmaṇa）教，婆罗门是梵音，译为净行，是事奉天神的一种宗教。他们教徒，自称为梵天的后裔，世世拿道学为职业，操行清净，所以称净行。距现今四千余年以前，雅利安民族，从中央亚细亚，入居西北印度，渐渐移殖到恒河上流；这地适当温带，气候清和，物产丰富，这族人逍遥快乐，感谢天帝的恩宠，就生崇拜的信念。彼等以为天空的光明，就是神灵的表现，那向日、月、星、辰、电光等各方面虔诚礼拜，以为可以消灾求福。因此有供献的祭物，赞美的祭歌，久而久之，仪式愈繁，普通的人未必能够熟习，于是有专司祭祀的僧侣，另成一种阶级，就叫做婆罗门。

婆罗门的教典　大凡原始社会的初民，没有不敬畏天神的；并且认天神是和人类差不多，总是有人格的，有意志的。婆罗门族人的思想，也是这样。彼等所做的祭歌，赞美天神的伟大，认人格的天神，含有道德的性质；对于下民，有行使赏善罚恶的职权。经历年代较久，这种赞歌和祭祀仪式，自然带有神秘的意味，因此编集成功一种教典，就是古来所传有名的《吠陀》（Veda）圣典（"吠陀"译为明智）。这种圣典有四种：第一种叫《梨俱吠陀》（Rig-Veda），译它的意，是《赞诵明论》；中间所收录的，全属宗教的赞歌。第二种叫《沙磨吠陀》（Sāma-Veda），译它的意，是《歌咏明论》；中间收录的，属于祭祀仪式的颂文。第三种叫《夜柔吠陀》（Yajur-Veda），译它的意，是《祭祀明论》；中间收录祭祀仪式的歌词。以上三种《吠陀》，在祭祀天神时候，各由僧侣分别讽诵；后来又有一种，收录世俗相传的咒术，和供神却没有关系，别名叫做《阿闼婆吠陀》（Atharva-Veda），译它的意，是《禳灾明论》。合前三种，称为《四吠陀》。这《四吠陀》，是婆罗门形成宗教的圣典，也是印度古代的思想的渊泉。

婆罗门的神秘学风　婆罗门僧侣，因掌管祭祀的缘故，在社会方面，自然成一最高阶级。因为要永久保持他们优越的地位，于是拿从来传习的赞颂和仪式，认做一族专有的东西；把文句定得十分详密，义理说得十分幽玄，形成一种繁琐神秘的学风。他们处处称天意做事，任何事件，都含着秘密意味。他族的人，对婆罗门，自然只有尊敬，那敢和他平等呢！然而雅利安民族慢慢地向南方移殖，占有印度全部，因风土的转移，思想上也发生重大变化，这茫茫宇宙，渐渐脱离神话的范围，要向理智去探索了，这也是人类知识发展一定的过程。所以到了《吠陀》末世，就有根据《吠陀》经典，用系统的哲理眼光，去考察宇宙大原的一种哲学产生，就梵（Brahman）的观念加以解释，不认它为人格的神，而认它是抽象的绝对原理；这原理是宇宙的本体，能够出生一切万物；这派哲学，就是有名的优波尼沙昙（Upaniṣad）所创的唯心主义。然犹不过就《吠陀》思想，离开神话的领域，移到哲学的领域，没有力量在《吠陀》思想以外另竖一帜。

自然派哲学的产生　后来又有出乎《吠陀》思想以外，主张个人自由考察创立自然派哲学的：起初一派，就宇宙的具体物质加以说明，如《地论》《服水论》《火论》《风仙论》等都是。更进一步，又有一派，就宇宙的抽象观念加以说明，如《时论》《方论》《虚空论》等都是。从此各种思潮，纷纷的起来，或是合流，或是冲突，派别愈多，复杂愈甚。然而对于《吠陀》思想，总不外乎传统和改革两派：传统派是主张继承《吠陀》圣典，加以解释的；改革派是主张离开《吠陀》圣典，自由探索的。因此印度思想就陷入混乱状态。宗教革新机运，渐渐成熟，这是佛教第一个背景。

第二节　佛出世前印度的社会

印度的四姓阶级　印度的社会，因人种、政治及职业的关系，自然而然，造成四姓的阶级，就是婆罗门（Brahmaṇa）种、刹帝利（Kṣatriya）种、吠舍（Vaiśya）种、首陀罗（Sūdra）

种。婆罗门译为净行，前面已经说过，因为他们专门掌管祭祀，所以占四姓中最高的位置。刹帝利译为田主，因他为世间大地的主，就是执掌政权的王种，所以居第二位。吠舍译为商贾，就是普通的人民，居第三位。首陀罗译为农人，就是被雅利安民族征服的土人，专为农奴，供田主驱遣的，所以居第四位。

　　婆罗门种既靠着宗教的力量，保持他们的地位。又造出种种神话，说四种族姓，都从梵天降出：婆罗门是从梵天的口中生出；刹帝利是从梵天的脐中生出；吠舍是从梵天的胁间生出；首陀罗是从梵天的脚下生出。所以惟有婆罗门最为尊贵，应该居第一位。他们又想到要保持这阶级制度，单靠神话，力量还不十分充足；于是又制定政教混合的《摩挐》（Manu）法典。这法典既然颁布，那么阶级的分别，格外严厉；四姓的中间，不但不许通婚姻往来，并且上下贵贱的种种待遇，十分不平等。

　　然此阶级制度的不平，人心极端不能自由，那里能够永久维持下去。意志薄弱的人，在这阶级压制底下，感叹身世的不自由，多倾向那厌世思想；意志坚强的人，就对这宗教起了怀疑，暗地里发生反动的思想。加以婆罗门教发达到了顶点，僧侣专横，多有不道德的行为，处处失却人心。宗教革新的运动，更有爆发的势力，这是佛教第二个背景。

第三节　佛教成立的原因

理智的高等宗教　印度思想界和社会，既有上面所说的两种背景：这时候有大教主佛陀应运出世，拿那些混乱的思想着手整理，叫它归于统一，创立理智的高等宗教。又打破当时的不平等阶级，拿慈悲平等的精神来普度众生。这种革新宗教，适应乎大多数人心的要求，无怪印度人民没有一个不欢迎，不久就普遍全国哩。

婆罗门教，是完全建筑在神秘上面的。那些传统派和改革派，又各是其是，各非其非，学理的根据既不确实，对于人生的苦痛又没有真正解脱的方法，那里能够和佛教抵抗呢！所以佛教一经成立，婆罗门教和各派哲学，都不能立足，几几乎到了销声匿迹地步。当时佛门中人，因为佛教是佛陀从自己心内实证得到的，不似婆罗门教和各派哲学是从心外追求的，于是就称佛教为内学，称它教为外道。

佛教的平等精神　印度的阶级制度，最受压迫，丝毫得不到自由的，就是居第四位首陀罗贱族。然而这等贱族，在四姓中间比较的占了大多数，那里肯安心久受压迫呢？不过世界上凡是受压迫的民族，如果本族的人自己起来号呼，要求平等，他的力量往往是事倍功半；惟有他族的人，仗着人情公理，起来代抱不平，自然登高一呼，众山响应，力量的宏大，不单是事半功倍，并且有意想不到的结果。佛陀的打破四姓阶级，正是这个例子。原来佛陀是刹帝利王种，是次于婆罗门的贵族。贵族的人，立出来主张贱族应当平等，除了婆罗门一族外，那里还有不赞成的呢？所以佛教不单是教理远胜于他教，就这主张平等举动，是应受大多数人的欢迎的。

问题

一　婆罗门教的内容如何？

二　印度哲学有几派？

三　印度四姓阶级的由来？

四　佛教如何可称高等宗教？

五　佛陀对于阶级观如何？

第三章　释迦牟尼的略史

第一节　释迦成道以前的状况

释迦牟尼的意义　前面第一章中间所说的"佛陀"，那是一种通称。实则这创立佛教的大教主，叫做释迦牟尼（Śākyamuni）。释迦，是种族的名称，译它的意，是叫"能仁"。牟尼的意思，译为"寂默贤人"，这是说释迦种族中的寂默贤人。他的实在的姓，叫乔答摩（Gautama），译它的意，是叫"地最胜"。因为印度上古有创作《吠陀》赞颂的婆罗门，名叫瞿答摩（Gotama），就是释迦的始祖，所以拿他的名做姓。他的实在的名，叫悉达多（Siddharthā），译它的意，是叫"成就"。然而通常称呼，总是叫佛陀，或叫释迦牟尼，乔答摩·悉达多的真姓名，倒不大用哩。拿中国的旧称呼来比例，那么"佛陀"犹如称"圣人"，"释迦牟尼"犹如称"孔子"，"乔答摩·悉达多"犹如称"孔丘"。可是我们常常用得着的，就是"圣人"，就是"孔子"，孔丘的真姓名，也是不大用的。

释迦的降生　释迦种族，聚居在中印度罗泊提（Rapti）河的东北，分成十家，各占一小城，做小城的君主。这许多小城中间，惟迦毗罗卫（kapilavastu）城顶有势力，城主名叫净饭王（Suddodana），就是释迦牟尼的父亲。和迦毗罗卫城隔河相对，有拘利（Kōli）城。两家王族彼此向来通婚嫁，所以净饭王也依着旧例，娶了拘利城主的两女做王妃，长叫摩耶（Māyā），次叫波阇波提（Prajāpati）。摩耶夫人到了四十五岁方才怀胎。他们的土俗很希奇，女子怀胎足月，必定要回到娘家去生产；可是摩耶夫人回娘家时候，到得半路就要生产了。这地恰巧有一座别庄，叫蓝毗尼（Lumbini）园，是拘利城主替他的夫人所盖的。摩耶夫人就在这园中娑罗树（Śāla）底下产生悉达多；产生的日子，是西纪前五百六十五年四月初八日，太阳初出的时候。但是摩耶夫人生产以后，经过七天，就病死了。这悉达多太子，是他的姨母波阇波提夫人抚养成人的。

释迦以太子出家　悉达多太子，天资聪明，七八岁时候，从婆罗门的学者受文事教育，世间一切的学问没有不通晓的；又从武士学习诸般武艺，膂力也胜过别人。他做太子的时候，有一天，同着诸王子出城比武，忽然有一只大象拦住城门。诸王子都不敢前进，他就不慌不忙，跑到门口，两手把象举起，向门外掷出；更飞步向前，又把象接在手中。这是何等的本领。拿世间的眼光看来，他既是王太子，又抱着这等文武全才，真是享尽人间的富贵，那里还有丝毫不满足呢？但悉达多这人，却也奇怪，他一眼看清人间生、老、病、死的苦痛，没有法子可以解脱，从小就是如此，把这件大事体刻刻放在心中，要想出家。净饭王知道了，大吃一惊，赶紧在他十六岁时候，就替他娶了耶输陀罗（Yaśodharā）做妃子，也是拘利城主的女儿；后来生了一个儿子，叫罗睺罗（Rāhula）。净饭王又想尽方法，在太子的宫中，陈设种种娱乐，选择城中的许多美女，叫他们侍候太子。然而这太子毫不在意，到十九岁时，就决计出家修道。

第二节　释迦成道的时期

释迦先修苦行后成正觉　释迦出家以后，就去访问婆罗门教中的学者，想学他们的解脱的大道。先后访过三人，初访隐居在森林中的跋迦婆（Bhārgava），次访阿罗逻迦兰（Ārālaḥ Kālāma），次访郁陀迦罗摩子（Udraka-Rāmaputar）。这些都是仙人，大概以生前修苦行、死后生天上为解脱法门。释迦以为死后升天，仍旧不能超出生死，对于他们这等大道不能满足，就自己跑到东北方尼连禅河（Nairannjanna）旁边苦行六年，每天只吃一麻一麦，弄到身体削弱，仅存皮骨，结果仍旧一无所得。忽然明白苦行的徒劳无益，就跑到尼连禅河边，洗洗身上多年的积垢；遇着一个牧牛的女儿，拿牛乳送给他吃；吃了以后，身体精神渐渐恢复原状。于是又跑到佛陀伽耶（Buddhagaya）地方毕波罗（Pippala）树（就是后世所称的菩提树）底下，铺吉祥草，东向跏趺而坐，端身正念静默思维。自己发大誓愿说道：“我今若不证，无上大菩提；宁可碎是身，终不起此坐。”（《方广大庄严经》第八）无上，是无可再上的意思；大菩提，是大智慧。释迦发这大誓愿，是说我如今若不能证得无上的大智慧，宁可粉碎这个身体，终久坐在这处，决不起来的。下了这等大决心，思维到七七四十九天半夜，静坐时候，忽睹明星，照破黑暗，心中豁然大悟，就成功了无上的正觉。这是十二月初八日。总计释迦自十九岁出家，修行十二年方能成道的。如今僧寺中，于腊八日，用菜果和米煮粥送人，叫做腊八粥；民家也多在这日煮粥，成了一种风俗，就是纪念释迦成道日子的。

　　正觉的内容　这正觉的内容，究觉悟的什么呢？就是从内心的观察，探着我们生、老、病、死的苦痛的根原，对于人生的问题，有充满的解答；他的答案，就是下面两件事：

　　一、请问人的生、老、病、死和一切的不自在，究竟从那里来的？

　　就答道：这完全从烦恼来的。替这烦恼起个名词，叫做无明，就是不明白真实的道理的意思。

　　二、请问用怎么样的方法，就可以解脱人生的一切不自在呢？

　　就答道：要从内心思惟的禅定功夫，得到大智慧，豁破无明，就可以得到解脱。

　　这就是释迦亲自证到的正觉。既然得这正觉，所以看看有生命的众生都是一律平等，自然要打破四姓的阶级；又看这众生被无明所迷，长是沉沦在生死苦海中间，不得出头，自然要抱着悲悯的心肠，起来超度众生了。佛教的根本原理，就是如此，所以是建筑在理智上的伟大宗教。

第三节　释迦的转法轮

转法轮的两种意义　释迦说法度众生，叫做转法轮。这转法轮有两种解释：第一种解释，法字的意思，是法律、法则，就指一切万有的真理基础而言；轮字是印度古代战争时候所用轮状的武器，这武器所向无敌，如今拿来比喻佛陀所说的法独得真理，一切邪说异论都被他摧破无余，所以叫做转法轮。佛陀初次所说的法，方得称转法轮，以后就不过是重复申说罢了。第二种解释，就谓佛陀所说的法，常常能够摧破一切邪说异论，不管先后，总叫做转法轮，不必限定初次所说的。（见昙无谶所译的《大般涅槃经》第十四）

释迦游化的地方　释迦成道以后，四十五年中，游化四方，说法度众生，从来不曾间断。他足迹所到的地方很多：如北方雪山脚下的迦毗罗卫城，西方的拘睒弥（Kauśambi）城，东方的赡波（Campā）城，南方的婆罗捺斯（Bārānasi）城，这等国度，大都在恒河流域，释迦都曾到过的。各城主中间，对于佛教，大都十分信仰，尤其是摩揭陀（Magadha）城的频婆沙罗（Bimbisāra）王、舍卫（Srāvasti）城的波斯匿（Prasenajit）王，他两人诚心诚意的保护佛教，更是无微不至。因为释迦的信徒一天多一天，就拿他们自己的园林住宅，供献给佛陀做道场，有好多处。这中间顶大而有名者：一是王舍（Rājagrha）城附近的竹林精舍（Veṇuvana），建筑在灵鹫山（原名耆阇崛山 Ghridhra-kūta）中，那是摩揭陀城的长者迦兰陀（Karaṇḍa）归依佛教以后，在释迦成道的年头，拿自己的竹园供献于佛所建立的；这精舍是印度最初建立的僧园，又叫做迦兰陀精舍。精舍的意义，是说精进修行息心养静的地方。一是舍卫城的祇洹精舍（Jētavana），那是舍卫城的给孤独（Anātapiṇḍika）长者，在释迦成道的明年，向波斯匿王太子祇陀（Jēta）购买的园林所造的，所以又叫给孤独园。此外国王和长者供献的园林殿堂极多，不必一一列举。总之释迦说法，在以上两精舍时候为最多。

释迦的出家在家的弟子　释迦游行教化，在成道的第一年，已经有弟子千余人。上自国王、贵族，下至乞丐、妓女，如果诚心弃邪归正，没有一个不收受的，所以弟子的数目多至不可胜计。起初专收男人做弟子，这种团体，叫做僧伽，就是大众的意思；后来释迦的姨母波阇波提夫人，也出家做尼姑，因此更收受女弟子。男子出家的叫比丘。"比丘"二字，译它的意是乞士。这"乞"字，对上面说，是向佛陀乞法以治心；对下面说，是向世俗乞食以养身，含有两种意思。出家修道的人，不准私蓄财产，专恃乞食度日的；但和乞丐不同，乞丐是只知道乞衣食，不晓得乞法的。女子出家的叫做比丘尼。"尼"字在梵文上，是表显女性的声号。还有不出家而在家信奉佛教的男女，男叫优婆塞，女叫优婆夷，就是清信男、清信女的意思。出家的男女，叫做出家二众；在家的男女，叫做在家二众。

总共称为四众。

第四节　释迦的入涅槃

涅槃的意义　"涅槃"二字是梵音，译为灭度。灭度就是消灭生死的因果，度过生死的苦海，得到解脱，永远不再受生死苦痛的意思。我们前世造因，今世结果；今世又造因，来世又要结果；生生死死，犹如车轮旋转，永没有完了的。释迦教化众生，超出这生死苦海；他老人家自己先要留个模范，叫人可以学步，所以到八十岁时候，就表现涅槃的相貌。如今寺院里所塑的卧佛，就是释迦的涅槃相。

释迦最后一次的游行　释迦到八十岁的高年，自己觉到教化众生因缘已了，因此从王舍城向拘尸那揭罗（Kuśinagara）地方，做最后一次的游行。又率领弟子渡恒河，到摩揭陀国的毗舍离地方；刚刚碰到雨期。原来印度天气，从四月十六日起，三个月里，为夏季；这时候多雨，称为雨期。佛教徒在这三个月内，禁止外出，专心坐禅修学。这种制度，叫做安居。释迦就打算在毗舍离安居三个月再去。又因为这地方刚刚碰着荒年，随从弟子人数众多，不容易得到食物，就叫大众各自分散，独与阿难陀（Ānanda）在这里安居。这时释迦已经有病，想想许多弟子都不在面前，不应该就入涅槃，于是自己支持以待他们。等到安居期满，释迦又向西行，到波婆（Pāvā）城。有金工名叫纯陀（Cunda），其人供献旃檀树耳。释迦吃了，病就更重，立刻回到拘尸那揭罗的跋提河边沙罗双树中间，一日一夜，说完一部《大般涅槃经》，头向北，面向西，右胁侧卧，以二月十五日入涅槃。释迦临灭时，嘱咐阿难陀说："汝谓佛灭度后，无复覆护，失所恃耶！勿造斯观，我成佛来，所说经戒，即是汝护，是汝所恃。"（见《长阿含·游行经第二后分》）又告弟子："无为放逸！我以不放逸故，自致正觉；无量众善，亦由不放逸得；一切万物，无常存者。"（同上）这是释迦最后的教诫。他对弟子的丁宁恳切，到如今还可以想见哩。

释迦灭后，照佛家的规矩，应用火葬，名叫荼毗。这时高足弟子大迦叶，尚在灵鹫山；诸弟子大家商量，以为葬事很重大，要等迦叶到后方可举行。经过七天，迦叶也赶到了，就行荼毗的葬礼。于是摩揭陀国人和释迦同族的八国人，共分释迦遗骨回去各自建造宝塔。时在西历纪元前四百八十六年，距今二千四百二十余年。

问题

一　释迦何故要出家？

二　什么叫正觉？

三　法轮的解释如何？

四　释迦游行所到地方有几处？

五　临灭时的教诫如何？

第四章 佛教的立脚点和它的教法

第一节 佛教立脚点在乎人生的多苦观

人生苦痛多快乐少 人们在世间，忽忽然度过一生，寿命极长的，也难得超过百年，短的就不过几十年，极短的不过几岁就夭折了，甚至于一出母胎就死了。不论寿长寿短，倘若拿人们从生到死几十年中经过的日子总算起来，还是快乐的日子多呢？还是苦痛的日子多呢？回头一想，任何人也能回答这个问题，必定要说：苦恼的日子，总比快乐的日子多。是的，这就是人生的多苦观；不提起也就罢了，一提起来，是人人能觉得到的。

宗教大都是解决人生问题的 痴愚的人，糊里糊涂，虚度一生，一切不去管他，到也没有什么问题。至于稍微聪明的人，就要对这个人生问题起了怀疑，怀疑的什么？就是人为什么要生在世间？既然生在世间，为什么要受这种苦恼？这问题真不容易解决，凡是宗教，大都为解决这个问题而起的。有的说是世界最初的人，不听上帝的话，所以有罪恶苦恼；有的说是人们做事违背天意，所以要受罚。但这是不彻底的解决，有知识的人，决不肯相信他的话。

生老病死 人们的苦恼，实际的情状，究竟是怎么样？大概不外乎生、老、病、死四大段，如今且逐段来研究一下：（1）生苦。骤然看来，生活是很快乐的，怎么一出母胎就苦起来呢？这是我们素来不明白的。一经说穿，就的的确确是苦的了。试想母亲肚里怀胎，胎盘是极其窄狭的。胎儿踡曲在中间，起初就要受尽压迫的痛苦，渐渐长大，压迫的痛苦也随时加增。母亲喝热汤时候，犹如沸水浇身；喝冷水的时候，犹如寒冰着体；并且逼近肠脏、膀胱，胎儿是饱尝脓血尿屎的臭秽，不过自己不能说罢了。这是受胎时的苦楚。至于出胎时候，突然离开温暖的母腹，触着周围极冷的空气，所以胎儿必定要大叫大哭；他的柔嫩皮肤，要拿衣物去包裹，就和尖锐东西来锥刺他一样的痛。这时婴儿虽不会说，然已经能哭叫了。这明明是出胎时的苦楚。出生以后，在世做人，境遇是有穷有富，地位是有高有低，相貌是有善有丑，种种环境，都是惹起苦痛的根原。总名叫做生苦。（2）老苦。人生从幼年到壮年，壮年到老年，光阴如箭，一去不回，看看是精力强盛的青年，曾几何时，已入衰老的境界了。《楞严经》里（卷二）描写波斯匿王自伤衰老的一段文字，最能叫人惊心动魄，今把它录在下面："我昔孩孺，肤腠（音凑）润泽，年至长成，血气充满，而今颓龄，迫于衰耄，形色枯悴，精神昏昧，发白面皱，逮将不久；……变化密移，我诚不觉寒暑迁流，渐至于此。"老景催人，就在不知不觉的时间，慢慢地逼上来，真是无可奈何的事。这叫做老苦。(3)病苦。世间不论何人,有了这个肉体,总是免不了病痛的。任凭你身体如何强健,病魔一旦来临,就要叫你呻吟痛楚,卧床不起;至于体弱多病的人,更不必说了。病的种类虽多,但最大的原因,总在身心两方面的不调和:如身体受寒受暑,就叫血液的循环不能优良;心中有烦恼悲哀,也能影响到血液,叫它停滞。到这时候,病魔就乘虚攻入了。讲究卫生的人,比较的病痛可少些,然而总没有一世不生病的。这叫做病苦。(4)死苦。提到"死"字,是人们最害怕的,然而尽管害怕,谁也不能跳出死的关头。最有幸福的,是享得到高年,寿尽而死;其余或是因病而死,或是遭刑戮、水、火、刀、兵而死,死路虽不是一条,归根结柢,终是一死。死期将到,这一苦非同小可。就叫做死苦。除以上四苦外,人们的苦痛尚多,说也说不尽,姑且不赘。今要问究竟有没有避苦得乐的方法?那么可爽爽快快回答道:有的,佛教的大目的,就是解决这个生死大问题;这问题若能解决,一切的苦就没有了。要知道佛家如何能够解决这个问题,应看下文所讲的教法。

第二节　佛家的教法

自造因自受果　释迦在菩提树底下,静坐思惟的结果,彻底明白人生多苦的原因,完全是人们自己造业,自己得果,和上帝并没有相干。我们这个躯壳,就是过去世自己造作的苦因,今世结成的苦果;根本上既然是个苦果,无怪乎生、老、病、死的苦痛没有法子可以避免了。然而人们不晓得这个道理，今世又造下许多苦因，未来世又要结成苦果。所以生生死死，都是因果的连属关系，听其自然，是永没有了期的。释迦所成的道，就是解脱生死的法门，这法门就是断除生死的连锁，达到不生不灭的涅槃境界。详细说来，有下列三种的教法：

一、四谛。二、十二因缘。三、六度。

四谛　什么叫做四谛呢？四谛是苦、集、灭、道。"谛"字是审察的意思，是说审察这四种道理，实实在在，是丝毫不虚的。世间一切都是苦，就是无意识的大地山河，也时时刻刻在那里变坏，如陵谷变迁，是我们知道的；至于有生命的人们，身心两方面的变坏，以及环境的压迫，最显明的生、老、病、死苦痛，上文已经说过了。所以我们一举一动，没有一处不受因果支配的。观察这等道理实在不虚，就叫苦谛。既然知道这苦果，就要研究结成这果的原因。这原因是什么？就是过去世的惑和业。什么叫惑？惑就是烦恼，分别说来，就是贪、瞋、痴：人们对于饮食、男女、名利，没有不贪的。然而虽有贪欲，未必尽如我们的意，有求便得，遇到求不得的时候，就要发瞋了，这瞋怒最足以害事的。切实说来，所以要贪要瞋，无非是不了解我身我心以及世界都是变幻无常的，迷误了这个真理，自己去找寻烦恼，这不是十分的痴愚吗！就叫做痴。贪、瞋、痴三种，是人们一出生就带来的，所以叫根本烦恼，也叫三毒，也叫做惑。这惑不除，就要发现于身、口、意方面而造成三业。譬如人们为贪得财货，最初必先起意，叫做意业。起意取这财货，就要进行，或是出之于口，向人请求，叫做口业；出口请求，尚不得到手，更要用别种方法，甚至用不正当的手段去偷盗，叫做身业。这是单就恶业而言。其实从身、口、意方面发现的善事，也叫做业；然而没有贪、瞋、痴的三毒来帮助它，这身、口、意三业，是不会自己发动的。聚集这种惑和业，就是造成今世苦果的原因。观察这种道理实在不虚，就是集谛。明白了惑和业集成苦果的道理，就要想法灭却这种苦痛，进入究竟安稳的涅槃境界。观察这种境界真实不虚，就是灭谛。要到达这涅槃境界，必须修道方可；道有八种，也叫做八正道：一正见，二正思惟，三正语，四正业，五正命，六正精进，七正念，八正定。确实见到四谛的真理，就是正见；思量推求四谛的真理，就是正思惟；一切妄言恶语不出于口，就是正语；离开杀生、偷盗、邪淫等恶行，就是正业；人们必求生活，以养他的命，然应该做正当的职业，不宜用邪术骗取金钱，就是正命；既知修道，不可懒惰，必须勉励努力，向前进行，就是正精进；不论行、住、坐、卧，念兹在兹，常注意在正道，不起邪念，就是正念；修道最紧要的功夫，要入禅定，就是正定。观察这种修道功夫真实不虚，就是道谛。佛弟子中间，有亲自听见佛说四谛的道理，修行成就的人，就叫声闻；声闻修成的果，叫做阿罗汉。阿罗汉是梵音，"阿"字译为不，"罗汉"译为生，是说他修成这果，永不再生这恶浊世界哩。

十二因缘 什么叫十二因缘呢？如今拿因缘的意义先弄明白，再来研究这十二个名词。原来释迦在成道时候，静坐思惟，所得到的最精最确的道理，就是宇宙间不论有生命和无生命的东西，都是内因外缘凑合成功，并没有上帝在后面做主宰。这些东西的本身，也没有永久不变的我体，无非是因缘凑合就生，因缘分散就灭，生生灭灭，相续无穷，就是宇宙万有的总相。我们随便举一件东西来说，都可证明这因缘的理，如饮茶的茶杯，怎么样成功的？就是泥土做它的因，人工、水、火做它的缘，因缘一朝凑合，就做成茶杯；倘若有因没有缘，或有缘没有因，这茶杯是永久做不成的；茶杯使用久了，或一朝失手堕地，就因缘分散而归于破灭。不论什么东西，都可用这因缘的方式去解释。无生命的东西，固然如此；就是有生命的人们，也是因缘凑合成功的。这十二因缘，就是拿人们从投入母胎以至出生到老死，分作十二段去观察，也可说是佛家的人生观；也就是拿苦集二谛，来详细说个明白。这十二个名词是什么？列在下面：（1）无明、（2）行、（3）识、（4）名色、（5）六入、（6）触、（7）受、（8）爱、（9）取、（10）有、（11）生、（12）老死。无明，是不明白真理，就是痴，也叫做惑。行，是身、口、意三方面的造作，有时作善事，有时作恶事，有时作不善不恶的事，也叫做业。上文说集谛时候，不曾提及过去世的惑和业，是造成今世苦果的原因吗？可知无明和行，是拿集谛分开详说，是人们过去世所造的二因。识，是心上的分别作用，凡是有生命的人，他的肉体尽管死灭，他的心识却是不灭，又会去投胎的。拿现在通行的话来讲，这心识，仿佛是像灵魂；灵魂被过去世的惑业所驱迫，碰到父母交合时候，就会去投胎。

所以人们是识为因、父母为缘，因缘凑合而成人的。"名色"二字，名就是指心说，色就是指身说。为什么不叫身心，要另起这名色的名词呢？是因为投胎以后，精神和物质慢慢地结合，长成胎儿；这时心识既极其暗昧，形体也没有完全，所以不叫身心，叫做名色，明明是身心没有完全的称呼。六入，就是眼、耳、鼻、舌、身、意的六根。人们眼能看见色彩，耳能听见声音，鼻能嗅着香臭，舌能尝着滋味，身体能觉得痛痒等感触，心意能考想一切事事物物，这叫做六根。胎儿在母腹中几个月，慢慢地长成这六根，稍微能够有点感入，但是作用并没有完全，所以另起个名词，叫做六入。触，就是感觉，是指出胎以后至两三岁的婴儿，能接触外境，起极简单的知觉，不能分别孰是苦、孰是乐，并不起爱憎的感情，所以单叫做触。受，是指四五岁至十四五岁时候，心识逐渐发达，能领受环境，起饮食玩具等希望，遇顺境就晓得快乐，遇逆境就晓得苦痛，随时起爱憎的感情，所以叫做受。从识至受共五段，是拿苦谛来分别详说，是人们现在世所结的五果。爱，是十六七岁时候，贪恋财货女色，生种种的欲望，贪恋不已，执着在心，不肯放舍，所以叫做爱。取，比爱更进一步，是成人以后，贪爱的心增长，必定取得到手，方能满他的欲望，于是广造身、口、意三业，这叫做取。有，是现在世既然造业，必定又有将来的苦果，所以叫做有。爱和取是现在世的惑，有是现在世的业，和过去世的无明、行是一样的，也是拿集谛来分别详说，这是现在世所造的三因。生，是说既有现在世所造的因，那么未来世又免不了要去投胎的，这叫做生。老死，是说未来世既然投胎受生，又免不了要死灭的，这叫老死。生和老死，也是拿苦谛来分别详说，这是未来世的两果。这十二因缘，通过去、现在、未来三世：从过去的两因，生现在的五果；又从现在的三因，生未来的两果。我们生生死死，轮转不已，叫做轮回；根本不外乎惑和业为因，造成生死的苦果。释迦说明这等人生观，真能抉出生死的大原，不是他种宗教所能及得到的。今再以表明之如下：

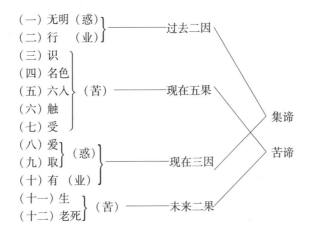

这十二因缘，就是详细说明苦集二谛，看上文便可明白。人的一生，无非是内因外缘凑合而生，了无实实在在的我，这因缘的最初一念，是无明；可知若能灭除无明，其余的缘也必随之而灭，这生死的连锁，不怕它不断了，就是灭谛。既知道无明可灭，必须用真实的智慧，观察这十二因缘，努力修道，方可灭除无明，了脱生死，达到涅槃，就是道谛。佛弟子中间，有比较声闻聪明的人，不必亲听佛说，独自观察十二因缘的理，也能修行成功的，这叫做缘觉；他修成的果，叫做辟支佛。辟支的梵音，旧译为因缘，新译为独；佛是觉义。辟支佛，就是缘觉，也就是独觉。

六度　什么叫做六度呢？六度的梵音叫六波罗密。"波罗"二字，译为彼岸；"密"字，译为到。是说修这六种法门，可从生死大海的此岸，度到涅槃的彼岸，所以叫做六度。六度的名词如下：（1）布施、（2）持戒、（3）忍辱、（4）精进、（5）禅定、（6）般若。这六度是菩萨所修的。菩萨的梵语，是菩提萨埵（音朵）。菩提，是智慧；萨埵，是众生。是说他拿智慧去上求佛道，拿慈悲来下救众生，简单称呼，就叫菩萨。前面声闻、缘觉两种人，只晓得度自己，不晓得度众生，局量狭小，所以叫小乘；菩萨修行，看众生和自己一样，要先度众生，后度自己，局量广大，所以叫大乘。正惟菩萨的修行，不单为自己，所以第一就是布施。布施有两种：一是财施，是拿衣服饮食等和生活所需要的一切东西，随着自己力量，施送于他人；二是法施，是拿自己从诸佛及善友处听得的法门，以清净的心肠，转为他人详说，并不希望报酬的。这两种总叫布施。其次是持戒。持戒是防止身、口、意的恶业的。戒的根本有五种，不杀、不盗、不淫、不妄语、不饮酒就是。次是忍辱。忍辱有二种：一是生忍，是菩萨对于同类的人而发的。如有人对他恭敬供养的时候，菩萨丝毫不生骄怠心；有人对他瞋骂打害的时候，菩萨丝毫不生怨恨心。二是法忍，是菩萨对于不同类的自然大法而发的。如遇着大冷、大热、大风、大雨的时候，又如遇饥饿口渴的时候，平常的人，必定要苦恼忧愁，不能忍耐；菩萨就能安然忍受，丝毫不起忧恼。这两种总叫忍辱。次是精进。精进有二种：一是身精进，勤修善法，或礼拜，或诵经，或对人讲说，无论什么时候，自身一点不肯懈惰；二是心精进，勤行善道，心心相续，自心一点不敢放逸。这两种总叫精进。次是禅定。禅定是扫除一切妄念，专心注定一个正念，这是佛家最重要的功夫。最后是般若。般若是梵语，译为智慧。这智慧是从禅定功夫很深时候才发生的。通晓一切诸法（佛经中凡一切事事物物，均称为法）叫做智，断惑证理叫做慧，决不是平常所说的聪明智慧可比，所以独用般若的译名，叫人知道和平常智慧大有分别。这六度就是四谛中的道谛，不过更加积极的利他善行，和声闻、缘觉只晓得自利的，广狭不同罢了。佛弟子中间，修这六度得到大涅槃果的，就叫菩萨。

问题

一　佛教的立脚点在什么地方？

二　生老、病、死的苦痛，有解除的方法么？

三　因果是谁造谁受？

四　怎样叫声闻？

五　怎样叫缘觉？

六　菩萨是怎样修成的？

第五章　释迦灭度以后弟子结集遗教

第一节　第一次结集

释迦在世说法四十九年，都是以身作则，拿他的修证功夫，随时指导徒众，从没有写出一言一句的文字。到释迦灭度以后，大迦叶（Mahākāśyapa）代佛统率大众，有一痴比丘说道："释迦在世时候，常常要拿戒律来约束我们，说某事应该做的，某事不应该做的，我们极不自由，今后可以为所欲为了。"这句话被大迦叶听见了，以为释迦灭后，不可不拿他老人家的遗教制为成典，庶几可永永做教徒的指导。于是就在佛灭后的第四月安居期内，选学德并高的比丘五百人，到王舍城附近的毕波罗窟（Pippala）里面，从事第一次的结集。王舍城是摩揭陀国的首都；这国度里的阿阇世（Ajātaśatra）王，本来是佛教的信徒，听见这事，大为赞成，供给他们一切饮食卧具等，予以种种的便利。因此这五百人，得以安心从事结集工作，经过七个月，这事方才完毕。

经藏和律藏的结集　结集的本意，实在就是会诵。为的是佛灭以后，恐有异见邪说混乱佛法，所以结合有学有德的比丘，各自背诵释迦佛在世时所说的法，经过大家讨论决定，然后集成为经典，所以叫结集。当时结集的仪式很严重，大迦叶升坐上座。因为阿难陀（Ānanda）在佛门中素有博学多闻的盛名，由他诵出经藏；上座对他诵出的文句，发为种种问难，阿难陀一一回答，详记这经佛在什么时候什么地方对于什么人所说的；并且佛说这法的时候，随从的徒众有多少，也一一记出；大家听了，公认为没有错误，然后定为佛说。其次优波离（Upāli）在佛门中以严守戒律著名，由他诵出律藏；上座对他诵出的文句，也一一发问，他也一一回答，和阿难陀一样；大家听了，公认为没有错误，然后定为佛制。

对于这第一次结集，后人有种种异说：大都以为既有两人，一诵出经藏，一诵出律藏，那么一定还有论藏；这论藏是谁诵的呢？于是有的说是迦叶自己诵的，有的说是阿难陀诵的。其实经、律、论三藏的名称，是后人所加：经是实际修行的法门，律是止恶修善的规律，论是对佛教的解释研究。当第一次结集佛教时候，当然只有法（经藏）和律（律藏），至于解释研究，一定出后人的手，因而有三藏的名称，所以当时未必有论藏，实是毫无疑义的。

《四阿含经》及其内容　阿难诵出的什么经呢？大概就是今日所传的四种《阿含经》。阿含是梵音，译为无比法，就是说没有可以比类的妙法。四阿含的名词列于下：

（1）《长阿含经》，（2）《中阿含经》，（3）《增一阿含经》，（4）《杂阿含经》。

这四种经是释迦初成道时候所说：《长阿含》是破斥婆罗门教的邪见；《增一阿含》是说明人们修世间的种种善事，造下了善因，来世能投生人道或天道而受善的报果；《中阿含》是进一步说人们能修出世间的善因，来世就能超出生死大海，而得涅槃妙果；《杂阿含》是说明世间的禅定（禅定有世间禅、出世间禅的分别；佛教的禅定，是出世间禅），和佛教涅槃有关系的。

《八十诵律》为戒律的根本　优波离诵出的是什么律呢？就是《八十诵律》。因为他在九十日的中间，每日升座诵一次，逐日诵出几多戒条，经过八十次而完毕，所以名《八十诵律》，是为佛门一切戒律的根本。后人从这根本律，推演而成《四分律》《五分律》等，这些律本流行，《八十诵律》就不复存在了。

第二节　第二次结集

戒律的十条争议　释迦灭度后一百余年，有毗舍离（Vaiśāli）城的七百比丘结集，通常称为第二次的结集。这次结集，和前面第一次，后面第三、四次的结集，性质全然不同；单为戒律上的十条诤议，四方圣众会合在毗舍离城，裁判这事。与会的人数有七百，所以也称七百集法。

毗舍离城的北方，有跋耆（Vajji）城，这两城中的僧侣，往往违背佛的戒律，于每月八日、十四日、十五日，盛水满钵中，持向人多的地方，指钵水对众说道："有投钱这水中的人，可得到吉祥。"经过的白衣男女，有听信这话而投钱的，也有怪出家人不应贪取金钱的。这时有长老耶舍（Yaśas）巡游至此，以为佛的戒律，出家人不应受蓄金钱，如今两城比丘公然违背，大不以为然，因向在家出家两众双方劝告道："出家人应遵守佛戒，不该受蓄金钱；在家人也应遵守佛戒，不可拿金钱布施，否则受的人、施的人，都有罪过。"多数僧侣，不但不肯听耶舍的话，反怨恨耶舍在俗人面前诽谤出家人。并且彼等违背戒律，尚不止这一事，总计有十种非法行为。今依《五分律》举其名称如下：

一、盐姜合共宿净　　　　二、两指抄食净

三、复坐食净　　　　　　四、越聚落食净

五、酥油蜜、石蜜和酪净　六、饮阇楼伽酒净

七、作坐具随意大小净　　八、习先所习净

九、求听净　　　　　　　十、受蓄金银钱净

"净"字是清净的意思。上面十事，依照佛的戒律，是不清净，不应该做的；但毗舍离和跋耆两城的比丘，他们以为是清净，可以行的。照佛戒，比丘托钵求食以维持生命，倘若所乞的食不能吃完，有所剩余，就应该转施他人，不应贮食过夜，是名余食法；如今这班比丘，以为拿盐和姜合共的物，就可留宿至明天再食，叫盐姜合共宿净。这为非法的第一件事。佛的戒律，过午刻就不许进食，是谓非时食戒；这班比丘，以为刚刚过午，日影偏斜，仅到两指并列的长度，还可吃的，叫两

指抄食净：指抄或者就是指尖的意义。这为非法的第二件事。佛戒，一次吃后，不得再吃第二次；这班比丘，以为再坐下去吃一次，也是不妨，叫做复坐食净。这是非法的第三件事。佛戒，吃过饭以后，或出外到村落地方，人家又来供食，就应该照余食法，转施他人；这班比丘，以为人家既然供食，不妨再吃，叫做越聚落食净。这是非法的第四件事。干结的牛奶油，叫酥油蜜，白沙糖凝结成块如石的，叫石蜜；午后食物，既犯非时食戒，这班比丘，以为拿酥油蜜、石蜜，和入干牛奶（酪）做饮料，是饮而不是食，不算犯戒，叫酥油蜜、石蜜和酪净；其实酥油、干酪明明是食物，这是非法的第五件事。佛戒，不许饮酒；这班比丘，以为酿而未熟的酒，可以饮用，不算犯戒，叫做饮阇楼伽酒净；阇楼伽，梵音，就是酒酿，明明是酒，那里可算不犯戒呢？这是非法的第六件事。佛制，制作座具，大小有一定的尺寸；这班比丘，以为何必限定尺寸，可随我们的意思，制作座具，叫做作座具随意大小净。这是非法的第七件事。佛制，既出家后，应该舍弃从前在家时候所学习的事；这班比丘，以为在家时候已经学习过的事，不妨再做，叫做习先所习净。这是非法的第八件事。佛制，凡一切仪式作法，当随僧众全体共同行之；这班比丘，以为不妨在另一地方，单独行这仪式，然后请求僧众的允许，叫做求听净。这是非法的第九件事。佛制，不许受蓄金钱；这班比丘，以为不妨受蓄，叫做受蓄金银钱净。这是非法的第十件事。

　　耶舍眼见这班比丘违法，于佛教前途关系甚大，于是奔走西方各地，历访当时的大德，同赴毗舍离城，以裁判这十事的是非。毗舍离、跋耆两城的僧侣，也结合同党以相抵抗。于是分为东西两党：西党是耶舍一方面的长老，东党是两城的僧侣。两党各举代表四人，开会讨论，结果断定这十事为非法；以为东党的行为，违背佛制，应加摈斥。然东党多少年进取一派，人数较众，于是别成一团体，得名为大众部；西党承佛的正统，其中多是高年硕德，得名为上座部。这是第二结集的情形，也是根本佛教分裂为两派的开始。

第三节　第三次结集

阿育王时佛教的隆盛　释迦灭度后二百余年，中印度有统一全印武功文治震耀一世的阿育王（Aśoka）出世（西纪前二六四—二二六在位）。他对于佛教异常信仰，不但保护本土的佛教，并且派遣传教徒到别国去宣扬正法，所以佛教到阿育王时代隆盛无比。阿育王因信佛的原故，对于佛教徒的供养十分丰富；一般外道，形势穷促，衣食不得周全，于是改换僧服，混进佛教徒里面，一方可以得到衣食，一方暗中仍旧拿外道的教义，运用破坏工作，于是佛教乃陷入混乱状态。王在摩揭陀国所造的鸡园大寺中，僧侣最多，因内道外道两派在里面纷诤，彼此不和，致使最重要的说戒仪式也不能举行；这仪式停止有七个年头的长久，太不像样了。王听见了，大不以为然，要想辩别邪正，淘汰这班外道，于是发起第三次的结集。《善见律》

卷二载这一段故事云："王白诸大德，愿大德布萨（这是梵语，佛制，每半个月逢十五日或月小二十九日、月大三十日，召集众僧说戒经，叫做布萨）说戒，王遣人防卫众僧；王还入城。王去以后，众僧即集众六万比丘，于集众中，目犍连子帝须（Moggaliputa）为上座，能破外道邪见徒众，众中选择知三藏得三达智（三达智，指天眼通、宿命通、漏尽通而言。天眼通能晓得未来的生死因果，宿命通能晓得过去的生死因果，漏尽通能断尽现在的烦恼；三种智慧到得究竟，叫做三达智）者一千比丘，一切佛法中清净无垢。第三集法藏，九月日竟，名为第三集。"看这段文字，就知道阿育王发起第三次结集，他的最大目的，是要淘汰这许多外道，叫佛法回复从前的清净，不致混乱。王一面遣人防卫众僧，一面请众僧所佩服的目犍连子帝须出来，主持这件大事（上座）；又就众僧中间，选择知见纯正能破外道邪见的人，这等人并且还要通晓经、律、论三藏，得过三种神通的，其数目多至一千比丘，在波吒利弗城，做第三次结集工作，经过九个月，方才完毕。聚集这等学德兼备的人，来整理经典，自然比较第一第二两次结集更为完美，所以经、律、论三藏到这次方才完备的。

这次不但结集经典，并做传教的工作，所以结集既毕，就于诸长老中，选择多人，派至四方，做宣教师。这等宣教师，足迹遍于五印度，并且远至锡兰、缅甸，到如今锡兰等地方，佛教还是盛行，都是阿育王开创的功劳。

第四节 第四次结集

迦腻色迦王的提倡佛教 当西历第二世纪时候，有大月氏种族的迦腻色迦王（Kaniṣka）（西纪一二五——五〇在位）率兵从西方侵入印度，并且吞灭四邻，建立犍驮罗（Gāndhāra）王国，文治武功，和从前的阿育王不相上下。王的兵力强盛，更进攻东印度。威胁文明中心的摩揭陀国，这国度里的国王，自知力量不敌，就供献佛钵和马鸣菩萨（Aśvaghoṣa），要求讲和。佛钵就是释迦在世时所用的钵，佛教徒尊它为至宝，凡传得这钵的，就为传佛正统的证据。马鸣菩萨，是中印度的大师，道高德重，众望所归。这一种宝物，和一个高人，都是迦腻色迦王所极希望得到的，所以两方和约就此成功。王对于佛教，既非常热心，然这时候距释迦灭度，已四百多年，学者中间，各自传述的学说，极其纷歧，莫衷一是。王在政事的余暇，每日请一僧进宫说法，然各僧所说的话，人人不同；王十分疑惑，因向胁尊者（梵名波栗湿缚 Pārśvà）请问，究竟孰是孰非？尊者答云："释迦灭度至今，岁月遥远，各宗师弟相承，各守自家宗派，实在无从定他们的是非；要在王喜欢那一宗，就趁这时，依照自己的宗，来结集三藏。"王以他说为然，因此发起第四次的结集。精选学德并高的僧侣，先得四百九十九人，最后得到世友（梵名婆须蜜 Vasumitra）尊者，以为上座。王因迦湿弥罗国（Kaśmīra 旧称罽宾）四围都是山，物产又丰富，足以供养僧众。于是王亲领五百人到这地方，建立寺庙，使这五百人在其中做结集的工作。这次结集，是以解释三藏为主旨，所释的经藏、律藏、论藏，各有十万颂（印度文体，往往用三字句、四字句、五字句、六字句、七字句的韵语，以便记诵，凡满四句，即叫一颂），总计三十万颂，合有九百六十万言。如今流传的《大毗婆沙论》，就是这次结集时所做的。结集既完，王就取赤铜椎炼成片，以为镍，拿这论文镂刻在上面，再用石函缄封，造一宝塔，将石函藏在中间，不令流传于外国。如要习这论的人，当来这地求学，方许受业。

第四次结集的两点不同　这次结集，和从前结集有两点不同：（1）胁尊者是小乘说一切有部（小乘分裂有二十部，详后，这是一部的名称）的学者，迦腻色迦王也是信仰有部的人，所以这次结集，是用有部的学风来整理三藏。克实说来，是有部一宗的结集。（2）这时结集，重在解释三藏的义理，和从前专门搜集佛的遗教也是不同。

第五节　大乘经典的结集

大乘经典的由来　以上所说四次结集，都是小乘经典；至于大乘经典的结集，传说种种不同，没有真确的史料可供考证，因此后世就有大乘经不是佛说的议论。其实大乘教的发展，那是思想演进的自然趋势，决不能说它不是佛说。怎么讲呢？大凡一种宗教，或一种学说，流传既久，中间自然要分出保守和进步两派：当第二次结集时，为十事非法的诤论，就可以看出当时年德俱高的长老，要墨守佛在世时所定的戒律，以为稍有违异，就是非法；至于青年进取的毗舍离、跋耆两城比丘，就以为稍微变通没有妨碍。结果就脱离这般保守派，而自成一团体，迩时就分裂为上座、大众两部。从这以后，进取派不但是戒律上有所变通，学理上也有讨论研究，随着时势进步。当西历第二世纪时，向来为佛教压倒的婆罗门教，从学理上进展，重复振兴；至第四世纪时，彼教有组织的教义，就此大成。墨守严肃戒律的小乘教，不足和它为敌。这时由大众部演进的大乘教，也就因此勃兴。盖释迦在世说法时，本无所谓小大乘的分别，大乘的教义早已包含在内。大众部分裂后，百余年中，思想渐渐进展，和婆罗门教一经接触，受了时代的影响，大乘教就此成熟，那是自然的结果，不足为奇的。

至于大乘经典的结集，虽然没有历史的证据，然经论中却有数处可以引为佐证的。《菩萨处胎经·出经品》云："尔时佛取灭度已经七日七夜，时大迦叶告五百阿罗汉，打揵椎（即是钟）集众，得八亿四千罗汉，使阿难升七宝高座。迦叶告阿难言：佛所说法，一言一字，汝慎勿使有缺漏。菩萨藏者集著一处，声闻藏者亦集著一处，戒律藏者亦集著一处。"这经中所说菩萨藏，就是大乘经；声闻藏，就是小乘经。照此看来，是第一次结集早有大乘经典了。又《大智度论》卷一百有云："佛般（入也）涅槃后，阿难共大迦叶结集三藏；……有人言，如摩诃（大也）迦叶，将诸比丘，在耆阇崛山中集三藏。佛灭度后，文殊师利、弥勒诸大菩萨，亦将阿难集，是摩诃衍。"
这段文字，前段说阿难共大迦叶结集三藏，和《处胎经》所说
相同；后段复引一说，那是文殊、弥勒等和阿难专门结集大乘
经的。摩诃梵音译为大，衍字译为乘，是明明大乘经典在佛灭
度后早就结集，而且不止一次。有时阿难和大迦叶合作，是兼
集三藏；有时阿难和文殊、弥勒合作，是专集大乘经的。

第六节　秘密经典的结集

显教密教的分别　佛教有显教密教两大部分，相传显教用
显露的言语文字，是释迦牟尼佛所说；密教用秘密的咒语，是
大日如来佛所说。这项秘密经典，是什么时候什么人所结集，
也没有确实史料可以证明。有的说是阿难结集，有的说是金刚
手菩萨（即金刚萨埵 Vajrasattva）结集。《大乘理趣六波罗蜜多
经》卷一有云："复次，慈氏（即弥勒），云何名为第三法宝？
所谓过去无量殑伽沙［殑读琴去声，殑伽（Gaṅgā）即恒河。
殑伽沙，即恒河中的沙，喻数目的多］诸佛世尊所说正法，我
今亦当作如是说，所谓八万四千诸法妙蕴……摄为五分：一素
呾缆（即经藏），二毗奈耶（即律藏），三阿毗达磨（即论
藏），四般若波罗蜜多（般若译为智慧，波罗译为彼岸，蜜多
译为度，这是说用真实智慧，超脱生死大海，达到彼岸的意思。
凡般若诸经都说这理），五陀罗尼门（陀罗尼，译为总持，即
秘教所持的咒语）。此五种藏，教化有情（指有生命的众生），

随所应度而为说之（随众生的程度高下，于五藏中应该用何种法，就替他说何种法）……复次，慈氏，我灭度后，今阿难陀受持所说素呾缆藏，其邬波离（就是诵出戒律的优波离）受持所说毗奈耶藏，迦多衍那（就是迦旃延 Kātyāyana）受持所说阿毗达磨藏，曼殊室利（就是文殊师利 Mañjuśri）受持所说大乘般若波罗蜜多，其金刚手菩萨（密教中手执金刚杖的菩萨）受持所说甚深微妙诸总持门。"看上面的经文，可知释迦在世的时候，早和弥勒菩萨说及过去世无量数诸佛所说的正法数目多到八万四千，大概包括起来，可分做五部分。这五部分，就叫五种藏。就众生的程度，应该用那一种，就用那种来替他们说。并且释迦在世时，早就他的弟子中间，选择那人能明了佛所说的那种藏，就叫他受持（受持是受之于佛，诵持不忘的意思），预备佛灭度后，叫他们如法诵出。如阿难以多闻著名，就受持经藏；邬波离以守戒著名，就受持律藏。第一次结集时，就是他们两人分别诵出经律二藏的。迦多衍那在佛门中以论议著名，就受持论藏；曼殊室利在佛门中以智慧著名，就受持大乘般若；金刚手是传受密教的，就受持诸总持门。可见秘密经典，当和金刚手菩萨有关系，未必和阿难有关系，但是结集的时代和结集地方，那无从查考的了。

问题

一　什么叫经藏、律藏？

二　《四阿含经》的内容如何？

三　什么是戒律的根本？

四　第二次结集的性质如何？

五　根本佛教如何分裂为二部？

六　第三次结集的内容如何？

七　经、律、论三藏什么时候方完备？

八　第四次结集的内容如何？

九　大乘教怎样演成？

十　密教和显教不同的地方？

十一　结集密教是何人？

第六章 佛教在印度的盛衰

第一节 小乘佛教的分裂

根本分裂与枝末分裂 释迦灭后百余年，第二次结集时候，佛教徒已分保守、进取两派。保守派叫上座部，进取派叫大众部，前文已经说过。等到释迦灭后二百余年，当阿育王时，有高僧大天（梵语摩诃提婆 Mahā-dēva）出世，对于自来戒律的严肃主义、教义的墨守主义，以为和时代不相容，应该提倡自由宽大的学风，于是倡种种异说，自为新派的领袖。旧派各僧，大不谓然。两派从此在鸡园寺（阿育王所建）斗诤不息。阿育王亲往鸡园替他们调和，然而两派各持己见，不肯相下。王也没有办法。大天就说道："戒经中所载灭诤的方法，应该依多数人的意见。"当时旧派的僧徒，年高者多而人数却少，大天的僧徒，年高者少而人数特多。王就依大天的说话取决，新派当然占胜利，从此上座、大众就显然分做两部。（以上节录《大毗婆沙论》一九八卷）这是佛教最初的分派，叫做根本分裂。佛教既分裂为两部，然这两部中间，解释教义的方面，意见又各有不同，于是分派中又复分派，分出的数目，竟多到二十部，也是奇观。这叫做枝末分裂。如今列表在下面：

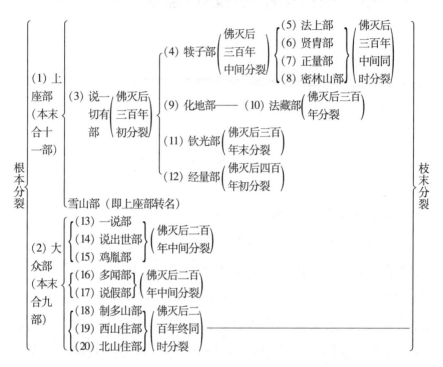

以上分部的名称，有因所标的教义而得名的，如说一切有、一说、说出世等部是。有因倡立的人而得名的，如化地、法藏、饮光等部是。有因住处而得名的，如雪山、西山住、北山住等部是。

第二节　大乘佛教的发展

主智的大乘教和主情的大乘教　当西历第四世纪时候，婆罗门的重兴机会成熟，它的哲学思想非常丰富。佛教徒则自进取的大众部成立以来，思想随时代而进展，早已含有大乘的分子；到这时和婆罗门教接触，就树起大乘教的旗帜，与之对抗。大众部的根据地，在印度的南部，故主张思辩专重自力修行的大乘教也发源在这地，这可称为主智的大乘教；又一方面印度北方和波斯、希腊诸国交通，受回、耶二教的影响，所以又有主张礼拜祈祷倚靠他力修行的大乘教在这地发生，这可谓主情的大乘教。"大"字是范围广大的意思，"乘"字是运载的意思，就是说运载众生度脱生死苦海，它的教义和修行的因果，都比小乘来得大些。

马鸣菩萨最初发表大乘思想 最初发表大乘思想的人，当推西历第一世纪时的马鸣菩萨（梵音阿湿缚窭沙 Aśvaghōsa）。彼曾著《大乘起信论》，这部论后世有疑为中国人所伪造的，异论纷纷，到如今没有决定，我们可不必过问。但是第一提倡大乘教的人，却就是他。他本来在中天竺摩揭陀国弘通佛法，后来迦腻色迦王领兵来伐这国时，就携马鸣俱归。他的辩才说法，不但能够感动人类，就是白马听了，也要悲鸣，所以号为马鸣菩萨。《摩诃摩耶经》卷下云："佛涅槃后，六百岁已，九十六种诸外道等，邪见竞兴，破灭佛法。有一比丘，名曰马鸣，善说法要，降伏一切诸外道辈。"这也是说马鸣能够降伏一切外道，重兴佛教的事实。

龙树菩萨完成大乘教 然而马鸣不过提倡大乘的第一人，尔时大乘还未能自成一系统。至于有组织的大乘教，是在西历第二世纪龙树菩萨（梵语那伽阿周陀那 Nāgārjuna）出世，方才完全成立的。龙树生在南印度婆罗门家，自幼于婆罗门的经典无所不通；及长，更通天文地理及一切技艺；后来归依佛法出家，数月之中，尽诵三藏；复到雪山，遇着一个老比丘，授以大乘经典。照《付法藏传》卷五所说："迦毗摩罗（Kapimala）初为外道，屈服于马鸣的谈论，就做他的弟子，在南印度布法，后来付法于龙树。"这个老比丘，或者就是迦毗摩罗，那么龙树是马鸣的再传弟子了。龙树既得大乘经典，自己思量着，佛经这样精妙，其中未发明的道理很多，于是有革新佛教的志愿；后来更做许多大乘论，最著名的就是《中论》。从此，彼在南印度竭力宣扬大乘教义。

破邪显正 龙树的大乘教义，就在破邪显正两方面：他最为尽力的是破邪。因为当时印度所行的婆罗门教，各持一种哲理，甲立论，乙反驳，是非纷纷，莫能一定。龙树则以为真理不是我们有限的知识所能确认。倘若拿有限的相对知识，去讨论无限的绝对真境，无论说得怎样精妙，总是妄想；故大乘的唯一手段，要在先除去自己的妄想，妄想果然除掉，真理自然显现。经龙树这样一喝，拿当时所流行的宗教哲学一扫而空，这是他的破邪手段。妄想既除，真理自现，所以破邪也就是显正。于此可分三层说明：第一，客观世界的现象，全属虚妄的幻影，了无实在；我们只要看宇宙万象无一不是生生灭灭，变幻无常的，就可证明这理。第二，和这客观世界相对的，就是主观的心象，这心象也是前念去，后念来，念念生灭不已，全属妄想；世人偏要用自己的妄想，去分别客观的现象，执为彼，孰为此，这不过是虚妄中更添虚妄，和梦中说梦没有两样。第三，既知道主观的心象、客观的现象都是空的，了无实在，惟有自己除去妄念妄想，方能够超出有限的分别，认识无限的真理，达到和宇宙实体冥然符合的境界。所以龙树的显正方面，是先明客观的空，次明主观的空，归到一切皆空；这空境正是离开妄念的境界，不是完全没有，正如云散而见无限的天空相仿佛。

现象界的空和绝对界的空　总之龙树所说的空，有两种意义：一是现象界的空，是说妄念妄想的主观和虚妄显现的客观，全是幻影，空无所有。二是绝对界的空，是说超越我们思虑以上，不可拿言语说明也不可拿文字写出的真实境界；因为是不可思虑、不可言说的，姑且也叫做空。这是和现象界的了无所有的空意义全别。这绝对的真境，佛家名为真如：真者是不伪的意思，如者是不动的意思。

龙树传秘密佛教　龙树不但创立大乘的显教，并且从南印度铁塔里，面见金刚萨埵，亲受秘教的《大日经》，为后世秘密教的祖师。所以龙树一人实兼创显密两种大乘教。后世推为释迦以后大乘佛教的祖师，谅非无故。

无著、世亲的有宗大乘　当西历第四世纪时候，龙树的空宗大乘教，一转而为无著（梵名阿僧伽 Asaṁga）、世亲（梵名婆薮槃豆 Vasubandhu）兄弟二人的有宗大乘教。无著是犍陀罗国人，佛灭度后一千年中出世，初从小乘出家，后信大乘。他的兄弟叫世亲，起初也从小乘出家，博通小乘经典，替众人讲

说，随讲随写，做成一部《俱舍论》。他的兄无著示以大乘的
道理；世亲追悔从前的错误，要割断自己的舌头，以谢他从前
宣扬小乘诽谤大乘的罪过。无著对他说：汝既然用舌头诽谤大
乘，不如更用这舌头赞扬大乘，何必要割断呢？于是世亲更做
《唯识论》等许多大乘论，弘宣大教。（以上见《婆薮槃
豆传》）

空无相说和一切唯心说　龙树《中论》的空无相说和世亲
《唯识论》的一切唯心说，骤然看来，似乎立于反对的地位，
实则并不冲突，不过各就一方面详为说明而已。龙树所说的，
是说客观的世界和主观的心象都是我们妄想所现的影，倘能扫
除这等妄想，那么真实的妙理（真如）自然显露出来。这真如
是精神的本体，真真实实存在的，不变不动的。无著、世亲的
《唯识论》，就是说明这绝对不动的精神本体既然超越于一切，
何故会现出这山河大地的客观境界和妄想分别的主观心象呢？
穷究它的缘起，方知道阿赖耶识（译为藏识，谓能含藏一切）
是心的根本，一方面现出我们的身心，一方面现出山河大地，
并且统贯过去、现在、未来三世，做生死轮回的主人翁。这种
学说，叫赖耶缘起论，也就是唯识论。可知有宗大乘教，不过
就龙树未曾详说的缘起方面，特别加以发挥罢了。

大乘的空有两大派　然而到了后来，印度的大乘教就分成
空有两大派。这两大潮流，愈演愈甚，就起空有的争论，经过
数百年而不息。就是传到中国后，这空有两派，到如今还要争
执的。

第三节 大小两乘的分别

释迦在世说法时候，对大根器的人，就说比较高深的教理；对小根器的人，就说比较浅近的教理；本没有大小乘的分别。就是释迦灭度后，弟子结集小乘经典，也时时有大乘的名字见于经中。后来虽有大小二乘的分别，不过指教理的浅深，并未含有褒大贬小的意味在内。直到马鸣、龙树专门提倡以后，方有看轻小乘的学风。如今且将大小乘的分别，略举如下：

一、小乘教解释宇宙万有的差别，只限于生灭的现象论；大乘教则于差别的现象以外，说明不生不灭的平等真如，能达到本体论。

二、小乘教偏于多苦的人生观；大乘教虽从多苦观入手，能更进一步，到达解脱自在的人生观。

三、小乘教人心量较狭，急于度脱自己的生死的苦，没有功夫兼度他人；大乘教人心量较广，抱有自利利他的圆满理想，并且以利他为主。

四、小乘教的解脱为消极的，但离现在虚妄的苦果，证到空空寂寂的真境，拿这个静的涅槃做他的终局理想；大乘的解脱为积极的，知道我们的烦恼本来是空，苦果自然脱离，修成常乐我净的四德（常是不变，乐是不苦，我是真我，净是不染），拿活动的佛陀做最后的目的。

以上是大小乘分别的概要：（1）是世界观，（2）是人生观，

（3）是修行，（4）是证果。

第四节　印度佛教的衰颓

　　释迦创立理智的佛教，一切平等，打破印度四姓的阶级，压服婆罗门的旧教，风靡一世，势力的隆盛，可想而知。释迦灭度后，教外先有阿育王后有迦腻色迦王的提倡保护，教内有马鸣、龙树、无著、世亲许多高僧接踵而起；佛教势力，不但普及全印度，并且推行到别国。遗泽的传流，有一千五六百年的长久，真可说是盛极了。

　　佛教的两大时期　印度的佛教，大概可分做两大时期：从释迦灭度后至西历二世纪龙树出世时为止，可算小乘教隆盛的时期。从龙树以后至第八世纪，可算是大乘教隆盛的时期。这不过大概的区分；实际上，龙树以前并非没有大乘教，看龙树所著的书中多有引用大乘经典的地方，可以想见。又龙树以后并非没有小乘教，看龙树、无著、世亲所著的书，其中多有破斥小乘，替大乘辩护的地方，可以知道；况且无著、世亲两人，起先都从小乘出家，可见当时小乘也极其流行的。

　　佛教衰颓的原因　大凡宗教或哲学，有盛就必有衰，佛教也不能逃出这个公例。佛教的势力，至第七世纪达了极点；至第八世纪，就渐渐衰颓了。它的衰颓原因，固然不止一种；然最大的就是婆罗门教的复兴。婆罗门教在印度有最远最深的势力，一旦被佛教所压倒，彼教中人那里能够甘心；于是将他们教规里不合潮流的地方渐渐改良。他们的教义，本来幽深，再加以哲学的研究渐渐进展，所以到第四纪时候，婆罗门教已经有复兴的气象。偏偏佛教徒中也有大乘教倔起，足足和它对抗，相持又有几百年。然到了第八世纪时候，彼教中出了一个大人物，叫商羯罗阿阇梨（Śaṅkarācārya）。这人生在南印度，于婆罗门的哲学有极深的研究，并且拿许多的古代哲学书加以注释，又采用佛教的哲理，主张印度哲学的正教，名曰印度教；亲自游历四方，或派他们的弟子到全印度传布自己的教义，以打倒佛教为目的。这时佛教徒中刚刚没有杰出的人可和他对敌，遂不得不被他屈服。到了第十二世纪，回教徒又侵入印度，灌输他们的教义，势力也是不小。佛教更受打击，在印度中原几几乎绝迹了。

　　然而宗教本来没有国家界限，所以佛教在印度本国虽然衰颓，它从印度南北两方的进展，反有特别发达的现象：南进则传播于锡兰、缅甸、爪哇、暹罗、安南等国，成为南方佛教；北进则传入西域诸国以至中国内地和西藏，以及朝鲜、日本，成为北方佛教。这南北两方的佛教，界线分明，就是南方所传的完全是小乘教；北方所传的，虽间有小乘经典，但大部分是大乘教。

问题

一　佛教最终分裂为几部？

二　怎么叫根本分裂、枝末分裂？

三　主智的大乘教、主情的大乘教意义如何?

四　马鸣、龙树和大乘教的关系?

五　怎样叫破邪显正?

六　空的意义如何?

七　秘密佛教的传受是何人?

八　无著、世亲和大乘教的关系?

九　空无相说和一切唯心说的分别?

十　大乘的空有两大派如何?

十一　大小乘的分别有几种?

十二　佛教两大时期如何划分?

十三　佛教何故衰颓?

十四　佛教向南北两方何国进展?

第七章　佛教传入中国的状况

第一节　佛教东传的时期

东汉明帝遣使访求佛法　我国历史相传，东汉明帝，夜里做梦，看见金人，身长一丈六尺，头顶上有白光，从空中而来，飞行殿上。明帝醒后，召集群臣，占卜这梦。有傅毅回答道："臣闻西域有神，其名曰佛，陛下所梦，将必是乎!"明帝听了他的话，就派遣蔡愔、秦景等，到天竺（即印度）去访求佛法。遇见了迦叶摩腾（Kaśyāpamātanga）、竺法兰（Dharmarakṣa）两僧，于永平十年（西历纪元六十七年）同到洛阳。明帝极为欣喜，因在洛阳城西门外建立精舍，以处两僧。（以上见《高僧传》卷一）这是佛教传到我国的史实。

摩腾、竺法兰两僧，都是中印度人。摩腾通晓大小乘经典，本以弘布佛法为自己的任务；竺法兰诵习经论，多至数万章，印度学者尊之为师。他和摩腾志趣相同，所以不怕路远，肯随从蔡愔等来中国。佛教初次东来，信仰的人并不多。这两僧也翻译过几部经典，如今流传的只有《四十二章经》一卷。

历史上虽然是这样说，其实中国人知道佛教很早很早，决不要等到东汉时代方才传来。有的说在周朝末年已经有佛教，有的说秦始皇时已经有佛教。从各种书参考的结果，当以《魏书·释老志》所说最为可靠。志云："释氏之学，闻于前汉。武帝元狩中，霍去病获昆邪王及金人，率长丈余。帝以为大神，列于甘泉宫，烧香礼拜。此则佛道流通之渐也。……及开西域，遣张骞使大夏，还云：身毒有浮图之教。"看此段文字，最可凭信。武帝时将军霍去病打破北狄匈奴捉到昆邪王，并得到他们崇奉的金人，大概长有一丈余，这就是丈六金身的佛像。可知这时佛教先已从西域流传到匈奴地方了。后来武帝要削弱匈奴，所以开通西域，派张骞到大夏国（西域国名，今阿富汗的北部），约同西域诸国夹击匈奴。张骞回来，就知道大夏的南方有身毒（即印度，天竺、身毒都是异译）国，国里有浮图的教；浮图就是"佛陀"二字的异译。由此看来，佛教流传到中国，的确在前汉初年，那是无可疑的。

但是佛教虽在前汉时已到中国，这时知道的人太少，并没有什么影响；就是东汉明帝时，摩腾、竺法兰两僧到后，虽然明帝替他们造僧寺，叫他们翻译经典，当时信仰的人绝少，所以也没有什么大影响。我们只要拿历史来细细一看，自从东汉明帝，直到汉末桓帝时，八十年中间，无论正史和他种传纪，绝无一语涉及佛教，就可以知道。到桓帝建和二年（西纪一四八年），有安世高到中国。这人是安息（古代波斯的王国）国王的太子，出家为僧，博通经典，到中国不久，就通华语，翻译经典甚多。又有支娄迦谶是月支（西域国名，今新疆地方）

国人，于灵帝光和、中平年间（西纪一七八——一八九）来洛阳，译出经典也不少。这两人到后，佛教在我国渐有势力，我国信仰的人也渐渐多起来。这可见佛教到中国，能在宗教上占一位置，确在东汉末年了。

第二节　历代的译经事业

佛教来中国后，自东汉起，直到宋朝一千数百年间，上自朝廷，下至佛教徒个人，大都努力于译经事业，所以中国的经典蔚为钜观。如今要略述译经状况，可分四个时期来说明。

从汉末（西历二世纪中）到西晋（三世纪末）二百六七十年间，西域诸国和天竺（即印度）僧徒来中国布教并翻译经典的人，其数不下六十余人。安世高从安息国来，译出的经有九十多部；支娄迦谶从月支国来，译出的经有二十多部。这两人所译的经，最足令我们注意的，就是安世高所译大都是小乘，支娄迦谶所译大都是大乘，所以可说到中国最初传小乘教的，是安世高，最初传大乘教的，是支娄迦谶。至于传布大乘教最著名的人，就是竺法护，其祖上本居月支，后代迁移到敦煌，世人就称他为敦煌菩萨。法护通三十六种外国语，在晋武帝时（三世纪末）到中国，从事翻译工作有四十多年，所译的经其数多至二百部，可称翻译大家。但是这几百年中间，来中国的僧徒，不过于布教的余暇从事翻译，朝廷也没有加以保护，翻经也没有一定地点，或者成书于旅行的时候，因此翻译的体例既不画一，译名也多混淆，所以称为译经的初期。

北方关中的佛教 到前秦苻坚时（四世纪初），有罽宾国僧伽跋澄（Saṃghavarṣana）、僧伽提婆（Saṃghadēva）两人来关中，译出小乘经典甚多。我国名僧道安实帮助他们翻译。所以小乘的传译，在前秦时独盛。

后秦姚兴时（五世纪初），有龟兹国人鸠摩罗什（Kumarajiva）来长安，秦王姚兴尊他为国师，礼遇甚优，《高僧传》卷二云："自大法东被，始于汉明，涉历魏晋，经论渐多，而支（支那）、竺（天竺）所出，多滞文格（扞格不通）义。兴少崇三宝（佛、法、僧为三宝），锐志讲集。什既至止，仍请入西明阁及逍遥园，译出众经。什既率多谙诵，转能汉言，音译流便。既览旧经，义多纰（音批）缪（错误也），皆由先译（从前人翻译）失旨（失去本旨），不与梵本相应。于是兴使沙门（梵语是出家人的通称，译为勤息，勤修善道、止息恶行的意思）僧䂮（音略）、僧迁、法钦、道流、道恒、道标、僧叡、僧肇等八百余人，谘（问也）受什旨。更令出《大品》（《大般若经》），什持梵本，兴执旧经，以相雠（音酬）校（就是对校），其新文异旧者，义皆圆通；众心惬伏，莫不欣赞。"看这段文字，有可注意的三点：（1）从汉明帝以来，经过魏晋两朝，译出的经论虽多，但意义多错误，和梵文原本不相应。其病在通梵文的，未必通华文；通华文的，未必通梵文。以致译文呆滞，译义扞格。（2）从前译经，多由西来僧人于布教的余暇自动翻译，力量有限；这时是得后秦国王姚兴的扶助，并且拨出王家的花园做译场，帮助翻译僧众多至八百人。这种大规模的举动，是从来所没有的。（3）鸠摩罗什是旷世天才，于三藏既都能谙诵，并且善于中国语言文字，所以能融会两国的言文，不必拘拘于直译，而能为流畅的意译，在我国翻译上开一新纪录。他翻译的《般若经》《法华经》《中论》《百论》《十二门论》等，多至三百数十卷，大都发挥龙树的教系，为中国大乘空宗的开始。

南方庐山的佛教 这时南方庐山有高僧慧远结白莲社，僧俗入社的有百二十三人，为我国提倡净土的初祖。远博通群经，和罗什虽没有见面，然极其推重，每有疑义，常用书函请问罗什，罗什也极佩服他。但是慧远并不借政治力量的保护，全凭个人的力量，勤苦修行，尤极重戒律。远于译经事业，也十分尽力。佛驮跋陀罗（罽宾国人，Gunabhadra）在长安不得志，远迎接他到庐山，叫他译出《达摩多罗禅经》，开中国禅门的先河；又译出有名的《华严经》，为中国大乘有宗的开始。都是慧远的力量。远并且派遣弟子法净、法领先后到西域去搜求经典，这时僧伽提婆也来庐山，译出经典不少。

罗什、慧远两派的学风 这时候罗什在长安，为北方佛教的中心；慧远在庐山，为南方佛教的中心。然两派学风则大不相同。罗什受帝王的供养，不拘拘于戒律，徒众多至数千，声势煊赫，不可一世；慧远却完全相反，持律既非常严肃，更不喜亲近权势，风格高逸，国中乐于静修的人多愿从他，学者也有数百人。当时人说长安佛教，如春花盛开，生气勃发；庐山佛教，如深秋枯木，旨趣闲寂。可谓确评。这是南北两派隐然对峙状况，也是中国大乘教空有两大潮流的发源，所以称为译经的第二时期。

南北朝译经事业的兴盛　南北朝（五世纪中至六世纪中）翻译的事业更加兴盛，这里著名的，宋有求那跋陀罗（Guṇabhadra），梁有菩提流支（Bodhiruci），陈有真谛三藏（梵名拘那罗陀 Guṇarata）。求那跋陀罗，中天竺人，由小乘进大乘，博通三藏，于元嘉十二年（纪元四三五）从海道到广州。宋太祖遣使迎接到京师，集合徒众七百人，译出大小乘经很多。《高僧传》卷三有云："宝云传译，慧观执笔，往复谘析，妙得本旨。"宝云、慧观都是学问很好的高僧，有他们两人，一传译，一执笔，并且和求那跋陀罗往返问难，剖析义理，所以译出的经典能妙得梵文本旨。菩提流支，北天竺人，遍通三藏，志在弘法，从葱岭入中国，以魏宣武帝永平元年（纪元五〇八）来洛阳。魏帝使居于大宁寺，供养丰盛，寺中有七百梵僧，以流支做译经的领袖，二十余年间，译出经论多至三十九部。真谛三藏，西天竺人，以梁大同十二年（纪元五四六）来中国。武帝竭诚供养，本欲盛翻经教，适逢侯景作乱，未及举行。国家多难，真谛流离迁徙，不得安居，至陈宣帝时而病殁。然真谛虽度流离的生涯，而译事未废，从梁武末年，至陈宣初即位，二十三年中，译出经论记传多至六十四部。世亲菩萨的教系，由真谛首先传入中国，他所译的《摄大乘论》《唯识论》等就是。求那跋陀罗、菩提流支两人，都得帝王帮助。

本来真谛也得梁武帝帮助，惜乎遭逢兵难，没有一日的安宁，然其成绩，还这样的伟大，倘得身遇承平，一定更有可观。这时期有可注意的特点，就是第一二时期翻译的经典原本，大概自西域传来，或口传，或写本，都是西域文字，译成华文，已是重译；就偶然得到梵本，也已经过西域人的改窜；至于译文，或是直译，或是意译，和梵文原本总有点违异，是不可免的。到这时期，原本多自印度得来，译法也比较完备，所以称为译经的第三时期。

唐玄奘赴印度留学 到唐朝贞观年间（七世纪中），我国有大师玄奘三藏出世。大师俗姓陈，十三岁出家，博学无方，凡是国里的名师，个个都去请教过，于是深通三藏，名冠京都。然大师以为诸师各有所宗，译出的经典，也多有隐晦难通的地方；乃立志亲往印度，以明其究竟。孑然一身，万里长征，经过西域诸国，备尝艰苦，方到印度。在印度留学十七年，经历一百有十国，凡大小乘经论，没有不学，获得梵本经典六百五十七部，归来献于朝廷。世俗相传的《西游记》小说，就是写唐三藏这段故事的。唐太宗见玄奘得到这许多经典回来，就叫他在弘福寺从事翻译。玄奘拿从前翻译体例重加改正，一洗向来华梵扞格的毛病，在译经上又开一新纪元。数十年中译出经论多至七十六部、一千三百四十七卷。（以上见《大慈恩三藏法师传》）玄奘所传，也是世亲菩萨的教系，至此中国大乘有部于是完成。

密教的传入中国 到唐玄宗开元时（八世纪中），有中天竺僧善无畏（梵名戍婆揭罗僧诃），拿真言密教传来中国。后来又有金刚智（梵名跋日罗菩提，中天竺人）、不空（梵名阿目佉跋折罗，北天竺人）师弟两人，从海道到中国，传布密教。于是翻译的密教经典一时极盛。

到宋太祖时（九世纪中），曾派遣沙门三百人，往印度求梵本。此后从印度及西域来中国的僧侣既多，从中国到印度去求法的人也不少。往来交通既便，翻译事业自然更盛而更完美。到宋以后，国家不复加以提倡，译经事业也就终止了。

这时期有可注意的二点：（1）前三期的译经，虽有本国人参加在内，然总是以梵僧为领袖的。惟有这时期，是玄奘大师亲自西游归来主持译事，是本国人独立翻译的开始。（2）从前三期内，虽有鸠摩罗什、真谛三藏等大匠辈出，然华文梵文的隔阂终不得免，并且译例也未能十分画一。到这时，经玄奘改正后，这毛病方完全除去。所以通常也称前三期所译的经论为旧译，玄奘以后所译的经论为新译，这是译经的第四时期。

古代的译经，异常慎重，要经过多数人的手，并不像现在的译书，由一人独译，或两人对译，就算了事；并且所定的体例，十分细密，形式更加庄严。如今拿《佛祖统纪》四十三卷所载译经仪式录之于下：

于东堂面西，粉布圣坛（就是在东堂向西作一坛场，用粉画界）；开四门，各一梵僧主之，持秘密咒七日夜（持秘密咒七日七夜，是借咒语的力量，使坛场洁净）。又设木坛，布圣贤名字轮（上面圣坛是方形，这木坛形状是圆的，一层一层，将佛名、观音大士名、天神名环绕写在上面，像车轮形状）；请圣贤（就是佛和菩萨），设香、华、灯、水、肴果之供，礼拜绕旋（译经的僧徒，礼拜佛菩萨，向右绕木坛而旋转），祈请冥祐（暗中保祐），以殄魔障（除恶魔的障害）。第一译主，正坐面外，宣传梵文。第二证义，坐其左，与译主评量梵文。第三证文，坐其右，听译主高读梵文，以验差误。第四书字，梵学僧审听梵文，书成华字，犹是梵音。第五笔受，翻梵音成华言。第六缀文，回缀文字，使成句义。第七参译，参考两土文字，使无误。第八刊定，刊削冗长，定取句义。第九润文官，于僧众南向设位，参详润色。僧众日日沐浴，三衣（佛制，僧徒只许着大中小三种衣服，以缝缀条数的多少分别大小：五条为小衣，就是近身的衬衫；七条为中衣，着在衬衫外面；九条为大衣，就是大众集会时候所着的礼服）、坐具（坐卧时所用的毡席），威仪整肃，所须受用，悉从官给。

看这段文字，凡译一经，须经过九个人的手：初次译主宣读时候，坐在左的人和他评量文中的意义，坐在右的人证明文字的音韵。第四书字人，审听梵文，先写成音译的华文。第五笔受人，再从音译的华文翻成义译的文言。然梵文名词、动词的位置和华文刚刚是颠倒的，所以第六缀文的人，就拿义译的文言回转过来，叫它成功中国的句义。第七参译的人，还要仔细参考两土的文字，看译成的文是否密合。中国文字向来是简而短的，梵文是繁而长的，所以第八刊定的人，再将译文冗长处删削之，定为中国的句义。第九润文官，是帝王所派长于文学的人，他是专管译成的经文加以润色，叫文章有精彩的。译经这样慎重，宜乎我国传流的佛经精美非常，为学者所公认了。

第三节　各宗的次第成立

我国小乘大乘各种宗派怎样成立的呢？就是译出某种经、论，便依据这经、论的教义成立一个宗派。如今依各宗成立先后说明之。先说小乘成实、俱舍两宗：

（一）成实宗　姚秦时（五世纪初），鸠摩罗什译出《成实论》。这部论，是佛灭后九百年光景诃梨跋摩（中印度人，Harivarman）所做的，内容是就苦、集、灭、道四谛，发挥人空法空的道理。什么叫人空呢？就是人的身体，是业识为因、父母为缘凑合成功的；因缘分散，人就没有了，这叫做人空。什么叫法空呢？人们听见说人空，就要想到，人的身体固然是空，然而构造这身体的元素（法）终久不灭，是不空的；那里知道宇宙中间一切东西（法），没有不是因缘凑合成功的，因缘分散，法也是没有的，这叫做法空。《成实论》就是说明二空的深理，是小乘空部最后的发展，和大乘已十分接近。南北朝有专讲这论的，就共称为成实宗。在中国开宗独早，然到唐朝就衰微了，如今研究这论的人是很少的。

（二）俱舍宗　六朝时（五世纪—六世纪），陈真谛三藏译出《俱舍论》。这部论是佛灭后一千年光景世亲菩萨所做的，本名《阿毗达磨俱舍论》，略称《俱舍》。阿毗译为对，达磨译为法，俱舍译为藏，就是《对法藏论》。内容是就苦、集、灭、道四谛，详说有漏（有生灭的）、无漏（无生灭的）的法，末卷说到无我，是小乘有部最后的发展，和《成实论》正处相反地位。真谛三藏既译这论，并作解释，称为《俱舍释论》，初开这宗。然不久这《释论》便佚失了，未能盛行。到唐时（七世纪中）玄奘重新译成三十卷，门人普光做《俱舍论记》，法宝做《俱舍论疏》，大大的宣传，这宗就此兴盛。然不久又衰，附入于大乘法相宗，今日则研究法相宗的人多兼习这论。

做这两部论的人，在印度是《成实论》在先，《俱舍论》在后，恰好传入中国，也是成实宗在先，俱舍宗在后。

至于大乘共有八宗，除掉禅宗是以心传心、不立文字外，其余七宗，都有所依的经论，如今也依成立的先后，说明于下：

（一）净土宗　净土宗是东晋（四世纪）慧远所创的。慧远居江西庐山东林寺，领众行道，清信的徒众都闻风来集。远乃结白莲社，开念佛法门，入社的有一百二十三人，有居士，有僧人，其中尤著名的有十八人，世称莲社十八高贤。释迦佛为末世众生根器浅薄，开这直捷法门，教人一心念阿弥陀佛，发愿往生西方极乐世界，所以叫净土。这念佛方法，不管上智也好，下愚也好，如果至心修持，成功是一样的。慧远以后，历代有提倡的大师；到唐朝善导大师，专以这法普及下级人民，直到如今，净土宗还是普遍全国社会，比他宗特盛。这宗所依的有三部经、一部论，就是《无量寿经》《观无量寿佛经》《阿弥陀经》《往生论》，于教理以外，特重实行。

（二）禅宗　佛家的禅定，是各宗共同的修法，就是将心专注一境，不使散乱，徐徐入定，功夫到得究竟，就能豁然大悟，明心见性。所以我国从汉末安世高到鸠摩罗什，都有译出的禅经，初不必依此专立一宗。到六朝刘宋时（五世纪中），南天竺菩提达摩（Bodhidharma）来中国，后入北魏，专倡不立文字、直指人心的禅法，就开始成立禅宗。这宗说佛家一切经典无非是说明超脱生死的真理。这真理犹如天空的月亮，月亮的光，初生时候极微细，不容易看见，惟有明眼的人能先见到，于是用手指标示月光所在的地方，告诉不能见的愚人。愚人不明白他的意思，反而误认明眼人的指头以为真月。一切经典，就同标月的指头一样；如今人误认经典的文字以为真理，犹如愚人误认标月的指头以为真月，同一毛病。所以达摩要扫除文字的障碍，倡这直指人心的禅宗。从达摩传到第六祖慧能以后，我国禅宗复分成南北两派。后来南禅又分为五个支派，曰临济宗、云门宗、曹洞宗、沩仰宗、法眼宗。到宋朝以后，他宗皆不振，惟有临济一宗盛行，直到如今，南北各大丛林（僧众集居之寺，如树木之丛集为林，故名）大多数是临济宗的子孙。

（三）三论宗　姚秦时（五世纪初），鸠摩罗什译出《中论》《百论》《十二门论》，三论宗就传入中国。《中论》《十二门论》，是佛灭后七百年光景，龙树菩萨所做的，《百论》是龙树的弟子提婆菩萨所做的。《百论》内容，是破斥外道的邪见，以明大小两乘的正道。《中论》前二十五品（品，类也。经论中以义类相同的文字分为一段，称之为品。一品，犹现在的一章），是破大乘的迷执（迷于真理的执见），明大乘的实理；后二品，是破小乘的迷执，明小乘的实义。《十二门论》说明十二种的法，全是破大乘的迷执，明大乘的实理。前章曾说过龙树在印度提倡大乘空部教义，他的唯一手段，就在破邪显正；这三部论，就专为破邪而做的。罗什本来传承龙树的教系，所以译出这三论，竭力宣传，为中国三论宗的初祖。到唐朝嘉祥大师（名吉藏）做《三论疏》，专拿这论教授学徒，三论宗于是大成。当世称嘉祥以前为古三论，又称北地三论；嘉祥以后为新三论，又称南地三论。北方或又加入龙树的《大智度论》，称四论宗，然未大盛。宋以后嘉祥的论疏久已遗佚，学者不能通三论的义，这宗就并入于天台宗而衰亡了。如今这三部论疏已从日本《续藏经》中得来，金陵刻经处刊印行世，但研究的人尚不甚多。

（四）天台宗　陈、隋间（六世纪末），智者大师（名智颉）居天台山，建立这宗。这宗的初祖，是慧文禅师。师读龙树《中论》"众因缘生法，我说即是空，亦为是假名，亦是中道义"（《中论》卷六《观四谛品》），就悟到一心三观的妙理，为创立这宗的起因。慧文传他的弟子慧思，慧思复传与智颉，到智颉时，天台宗于是大成。怎样叫一心三观呢？就是宇宙万有看来非常复杂，实则没有一物，不过内因外缘凑合而生，因缘一经分散，就没有了。所以众多的事事物物，都是因和缘所生出的东西（法）。这些东西，生生灭灭，了无实在，所以我可以说它就是空；宇宙内许多东西，我们总要替它起个名字，方能分别得清，就是一个假名；我们既知是空，又知道是假名，那么离开这"空"的"假"的两种观念，就是非空非假，合乎中道的义理。天台宗教人用功时候，返观一心，先扫除一切从因缘所生的妄念，做空观的功夫；然后再看这妄念怎么样会起来的，无非是一个一个的假名记在心里，所以念念生起，这就是假观功夫；悟到非空非假，就是中观功夫。这是台宗的真实用功法门，从《中论》里悟得来的。智者大师更拿《法华经》做本宗的主，拿《大智度论》为本宗的指南，拿《涅槃经》扶助《法华》，依《大品般若经》详立空假中三观的方法。这宗师弟依次传承，历唐、宋、明、清虽有兴衰，然而历代都有杰出的人物。现代南北讲经的谛闲法师（民国二十一年圆寂），也是台宗后起的宗匠，所以天台宗风如今尚称兴盛。

（五）律宗　戒律本是佛家共同的法典，不论那一宗都要遵守的，所以有"佛在世时，以佛为师，佛灭度后，以戒为师"的恒言，可知并无专立一宗的必要。但是律有大乘律、小乘律的分别，大乘律有《梵网经》《菩萨戒本经》等，小乘律有《十诵律》《四分律》等。我国从鸠摩罗什提倡《十诵律》后，这律法盛行于长安，更传播到南方荆州各地；到了南北朝中叶，《四分律》又盛行于北方；降及唐代，《四分律》就压倒其他诸律，独盛一时。这时（七世纪初）有道宣律师出世，觉得戒律应当统一。依他的研究，《四分律》最宜于中国，于是广撰疏钞，阐明律意。因为道宣住在终南山，故世人特称为南山宗。这宗传到宋朝，又有允堪、元照两律师出世，重复振兴；但到元、明两朝，就已衰微，明末时，竟有出家僧人要求受戒的师父也不可得，佛门纲纪几乎坠地。清代初叶，有古心律师杰出，他的嗣法子孙三昧、见月两律师继起，南山宗由此复兴。三昧律师，开设戒坛于江苏的宝华山，专用律法轨范僧徒，到如今南北大丛林的传戒都要遵照宝华山的戒法哩。

（六）法相宗　佛家以宇宙间一切事事物物统称之为法。凡法有它的本体，叫做性；有它的现象，叫做相。性只一个，相有万殊，就是我们心上起一念头，也有它的相貌，总名法相。龙树的大乘空教，是讲明诸法本性的，也叫法性宗。传入中国的三论宗，就属这一教系。世亲的大乘有教，是先讲诸法的外相，再讲到本性的，叫法相宗。玄奘法师亲到中印度，从戒贤（梵名尸罗跋陀罗 Śilabbadra）论师传这教义，归国后大宏这宗（七世纪中）。他的大弟子窥基更完成之，这宗由此大盛。这宗在印度是佛灭后九百年光景，无著菩萨从弥勒菩萨处传出《瑜伽师地论》，开始创立这教系；后来世亲菩萨做《唯识三十颂》，护法菩萨等做《成唯识论》，方才成为有力的学说。我国南北朝时，陈真谛三藏早已翻译法相经论，然没有盛行；到玄奘翻译时，和真谛所译的多有不同的地方。因此世人称真谛所译的为旧相宗，玄奘所译的为新相宗。这宗和三论宗恰相反，所依的经有《楞伽》《阿毗达磨》《华严》《密严》《解深密》《菩萨藏》，总共六经；所依的论，有《瑜伽师地》《显扬圣教》《庄严》《辨中边》《五蕴》《杂集》《摄大乘》《百法明门》《分别瑜伽》《二十唯识》《成唯识》，总共十一论。唐朝玄奘法师师弟相承，窥基做《成唯识论述记》及《枢要》，慧沼（窥基弟子）做《成唯识论了义灯》，智周（慧沼弟子）做《成唯识论演秘》，大为阐扬，法相宗就盛极一时。到宋以后，研究的人渐少，这几部重要论疏也完全佚失。到明朝末年，有明昱、智旭两大师，对于这宗著述颇富；然因为没有看见从前的论疏，解释不免错误。如今论疏也从日本《续藏经》中取回，南北刻经处分别刊印，学者得以窥见玄奘的本旨，这宗颇有重兴的机运。然出家人以这宗经论文深义繁，研究的人颇少；在家居士则以这宗经论系统分明，切近科学，研究的人较多。

（七）华严宗　唐朝（七世纪中）杜顺和尚（和尚也称和上，是印度俗语，译为亲教师），始依《华严经》创立观心法，名曰法界观，为这宗的初祖；智俨法师传承这教系，做《华严经搜玄记》，为第二祖；至第三祖贤首国师法藏做《华严经探玄记》，这宗就大成；第四祖清凉国师澄观，又做《华严悬谈》及《演义钞》，解释《华严》奥义，于是华严宗如日丽中天，隆盛无比。这宗所依的是《华严经》，这经卷帙最多，称为经中的王。昔释迦牟尼在菩提树下成佛的时候，拿他心中自己证得的真理为弟子们宣说，就是这部大经。佛灭度后，到龙树菩萨，始拿这经传布于世。传到中国有两种译本：一种是东晋时佛陀跋陀罗译的，共六十卷，世称为《六十华严》；杜顺和尚依它立宗，和二祖智俨、三祖法藏所做的记，都是依据《六十华严》的本子。一种是唐朝实叉难陀（于阗国人，Sikṣānanda）所译的，唐武则天皇后，因《华严》旧经不甚完备，听见于阗国另有梵本，派人前去访求得之；并请实叉难陀同来中国，于中宗嗣圣元年（纪元六八四）在大遍空寺开始翻译，于圣历二年（纪元六九九）告成，共计八十卷（以上节取《宋高僧传》卷三《实叉难陀传》），世称《八十华严》。这部经译出以后，华严宗第四祖澄观又依据这经做《疏》二十卷，做《演义钞》四十卷，完成这一宗的教义。华严宗到唐朝以后，所出人才不如天台宗的多，所以自宋到明，这宗时断时续，极为衰微。到清朝初年，有柏亭大师（名成法）出世，为这宗的大匠。这时华严典籍大都散失，大师竭尽心力，重复搜集，撰述极富，华严宗于是重兴。然此后复衰，虽光绪、宣统年间有月霞法师以研究华严著名，也没有十分发展；近来有应慈法师传月霞的学，以华严教授学徒，可见华严到现在已不绝如缕了。

（八）密宗　密教经典早传中国，自东晋怀帝永嘉时（四世纪初），帛尸梨蜜多罗（Srimitra）首译出《孔雀王经》，历代都有翻译；然并没有正式设坛传道的人，所以密宗的成立，比较他宗为时最晚。唐玄宗开元时（八世纪中），善无畏来中国，始正式传布密教；同时金刚智偕弟子不空也从海道到中国，宏传这教，为我国有密宗的开始。密教是对显教而言，显教是以显露的言说文字为教，如上面所说三论、天台、法相、华严各宗都是；密教反之，是专以持诵密咒为教。又显教经典是释迦牟尼佛所说，密教经典是毗卢遮那佛（大日如来）所说。这是显密两教不同的地方。这宗经典，以《大日经》和《金刚顶经》为主经典以外，祈祷供养等仪轨极为重视。释迦灭后八百年光景，龙树菩萨在南天竺铁塔里，面见金刚萨埵，传受密诀，密教就流传于世。龙树传他的弟子龙智；到中国的金刚智，就是龙智的弟子。这宗的秘密法门，是身、口、意三密相应：手结印，是身密；口念咒，是口密；心中观想，是意密。然若没有阿阇黎（译为轨范师）传授就不能学习。唐朝时这宗极盛；到宋朝就衰；明朝时太祖以秘密传教有流弊，下令禁止，我国就此失传了。唐时不空的弟子惠果阿阇黎，拿秘密法门全部传授于日本空海和尚。他归国以后，组织很完备的密宗，到如今还流传不绝。西藏的喇嘛（喇嘛，是西藏语，译为无上，指高僧而言）教，也是密宗，从印度直接传入的。佛教在我国东晋时早已传入西藏，至纪元七百二十八年（即唐玄宗时），有印度莲花生上师到西藏，就此成立喇嘛教。现在我国的出家和尚、在家的居士，多有赴日本或入西藏研求密教的，因此称日本所传的为东密，称西藏所传的为藏密。

印度小乘，从上座、大众两部分裂后，就分为空、有两部：上座属有部，大众属空部。传到中国来，也是这样，俱舍宗是有部，成实宗是空部。然这两宗不久就衰，可知小乘教义和中国社会不十分相宜。至于大乘八宗，净土、禅宗成立最早（禅法从汉末安世高就传入），净土属有宗，禅属空宗。这两宗成立既早，历代相传，没有间断，到如今势力还是普遍全国，这是值得我们注意的。三论是空宗，法相是有宗，这是印度固有的教义，整个儿传入中国的。这两宗在从前虽曾有极大的发展，然早已盛极而衰。天台、华严两宗，天台属空宗，华严属有宗。这两宗完全是中国人自己创立的，教理的精博、方法的完密，足见我国人组织力的伟大。然现在华严极衰，天台比较稍振，终不能和禅净二宗并驾齐驱。至于密教，也属有宗，成立最迟，终遭禁止。现在虽有重兴的机运，还没有十分流行。

问题

一　佛教何时传到中国？

二　东汉时翻译的经典？

三　译经初期情形如何？

四　关中佛教与庐山佛教内容如何？

五　大乘空有二宗在我国何时开始？

六　罗什、慧远两派的学风相同否？

七　译经第二时期情形如何？

八　译经第三时期情形如何？

九　中国的大乘有部由何人完成？

十　密教由何人传入中国？

十一　译经的第四时期情形如何？

十二　译经仪式如何？

十三　小乘两宗的教义？

十四　净土宗的内容?

十五　禅宗的开创及分派?

十六　三论宗和四论宗相同否?

十七　天台宗的一心三观内容如何?

十八　律宗何时成立?

十九　法性和法相的分别?

二十　相宗如何分新旧?

二一　《六十华严》《八十华严》的分别?

二二　显密两教的内容?

二三　何谓三密相应?

二四　东密、藏密的由来?

第八章　大藏经的雕刻

第一节　国内雕印的大藏经

（1）北宋时蜀板大藏经　我国的雕刻印刷术，起源在什么时候，已不能确定。据沈括做的《梦溪笔谈》里所说："五代时冯道始印《五经》。"然据《历代三宝记》卷十二载隋开皇十三年敕："废像遗经，悉令雕撰。"这两句文字，可作为雕刻佛像佛经的证据。是知雕刻术在隋代已经流行了。至于正式雕刻的官板《大藏经》，当以北宋的"蜀板"为开始。宋太祖开宝四年（纪元九七一），遣张从信往益州（今之成都）雕《大藏经》，到太宗太平兴国八年（纪元九八三），经过十三年而刻成。这是我国最初雕刻的大藏经，也是最精的板本，惜乎现在只有残本，有完全的经典很少见了。宋太祖振兴文化，对于佛教保护提倡，极其尽力。他知道唐朝是佛教全盛时期，翻译的经典不少，然未能汇集历来经典印成全藏，是一种缺点。加以五代的纷乱，佛典的散失也不在少数。这时若不从事搜集，以后更不堪设想。况且太祖统一天下，他的功业，和唐朝开国时没有两样。这种发展文化的根本计画，当然要十分努力，突过前朝。所以这雕刻《大藏经》的大事业，到此就完成了。

这部经板，可惜没有完全的本子，内容已不甚可考。然据各家记载，全部有四百八十函、五千另四十八卷。字体印纸都极精美，现在从残本里还可考见一斑。这板刻成，影响到国外，日本、高丽、契丹等国，都到宋朝来请求颁赐一部，回去仿照刊刻。所以这付板子，复做外国刻经的蓝本，就这一点，可以知道它的价值。

（2）明朝的南北藏　明太祖微贱时候，本来进皇觉寺做和尚；后来起兵，推翻元朝，为明朝开国的皇帝。他既是和尚出身，对于佛教，自然格外信仰。所以在洪武五年（纪元一三七二），招四方的名德沙门集于蒋山寺（今南京之紫金山），点校《藏经》，预备刊印，就在南京开雕一部《大藏经》，通称《南藏板》；总计六百三十六函、六千三百三十一卷。但这时在元末骚乱以后，旧板经帙多已散失，缺乏校对的材料，所以《南藏板》脱误极多，且不免有杜撰的地方。后来成祖建都北平，因《南藏板》误谬太多，就于永乐十八年（纪元一四二〇）重新开雕《藏经》，到英宗正统五年（纪元一四四〇）刻成，通称《北藏板》；总计六百三十六函、六千三百六十一卷。然大体上虽比较《南藏》好一些，也不见得十分完善，不过《南藏》每页是六行十七字，《北藏》每页是五行十五字，形式上行数较疏，字迹较大就是了。

（3）清朝的龙藏　清代在满洲时候，本崇信喇嘛教；后来入主中国，就尽力保护佛教，自然拿雕刻藏经也看做重大事业。

从雍正十三年（纪元一七三五）起，到乾隆三年（纪元一七三八），四个年头，刻成一部全藏，因卷端刻龙纹，所以叫《龙藏》；这部经是拿明朝《北藏》做底本，复增加新材料，总计七百三十五函、七千八百三十八卷。它的内容，是比较宋、明的《藏经》来得丰富；然皇家刻经的目的，在尊重佛教，流通法宝，并且前代既然有成例在先，为国家体面计，自应举办。但是当时经手校刊的臣工，未必个个尽职，所以这部《龙藏》，内容虽然庞大，也不能算善本。

（4）频伽藏　清末宣统三年（纪元一九一一），上海频伽精舍拿私人财力排印《大藏经》，世人通称为《频伽藏》。这部藏经，用日本弘教书院《缩印藏经》做底本，而用四号铅字排印，比较底本的五号小字，鲜明得多，便于诵读；总计四十函、八千四百一十六卷。但弘教本是拿《高丽藏》做底本，并拿宋、元、明三藏本校对同异，标列上眉，于学术上最有价值；《频伽》本则不然，将校刊记另作数卷，附在经末，检查甚为不便；并且全书校对不精，讹误太多。

（5）影印续藏经　佛教遭唐武宗会昌时（九世纪中）的厄难，经教散佚，各宗重要论疏多流传于日本。海禁未开的时候，明末清初，虽高僧辈出，因为不能窥见昔贤著述，十分遗憾。到清末海禁大开，国人方知道各宗散佚名著，十之四五，尚存于日本藏经书院刊行的《续藏经》里面。民国十一年（纪元一九二二），居士徐文霨、蒋维乔等发起影印《续藏》，由上海商务印书馆担任印刷发行，到十三年而成书；总计一千七百五十七部、七千一百四十八卷。

杨文会的刻经事业 此外还有单行本经典，是清末杨文会居士所发起的。我国向来佛经只有全藏，绝少单行本，学者要从事研究，极为困难。文会于清同治五年（纪元一八六六）在南京创办金陵刻经处，刊刻单行本经论，并手定《大藏辑要目录》。依据这目录，以次付刊。后文会与日本南条文雄订交，托他在日本访求唐代以来散佚的名著，得藏外典籍二三百种，选择其中最好的精校刊行；又得到日本弘教书院《缩影藏经》，据以校刊。文会一生精力悉用在刻经事业，其手校出板的经籍，在他生前已多到二千卷，校刊极精，便于学者。当时听见文会的高风而继起的，如湖南，如扬州，都设有刻经处。文会殁后，北平、天津也都创办刻经处，所印经典板本款式，都依文会成规，合在一起，就是一部《大藏辑要》。所以文会在近代佛教的影响异常伟大。

第二节　国外雕印的大藏经

（1）高丽板　宋太宗淳化二年（纪元九九一），高丽遣韩彦恭来中国，请去《蜀板藏经》一部，就有两次雕刻藏经的大事业：第一次雕刻的时代，传说不一，大约从显宗十一年（纪元一○二○）开始，经过四朝到宣宗四年（一○八七），费六十七年的长时间，全部方才告成；总计五百七十函、五千九百二十四卷。其中除大部分依据《蜀板》外，复搜集开元以后新译新撰的经典（《蜀板》但依据《开元录》，开元以后的译述没有收入），所以内容增加不少。这《初雕板》到高丽高宗十九年（纪元一二三二）蒙古来侵，经过兵燹，经板全部烧毁。高宗既苦蒙古的侵略，自量国势，又不能和他抵抗，只有仰仗佛力保佑，以救国难。就在二十三年（纪元一二三六），重新开雕大藏，直到三十八年（纪元一二五一），经十五年方告成。这时高丽所藏旧经，有宋《蜀板》，有契丹新刻成的《丹板》，又有初雕旧本，拿这三本比较对照，严密勘定，成功这部最精的板本，通称为《再雕板》；总计六百三十九函、六千五百五十七卷。后世学者论及《藏经》，必推尊《丽藏》，谅非无故。著者曩年到日本，曾在某寺亲见这本，精美无伦，日人对我说："现在日本政府已规定《丽藏》为国宝，不许流传到外国里去哩。"

（2）契丹板　宋朝雕印《蜀板》，不但影响到高丽，就是契丹国也受了刺激，促成雕刻《藏经》的事业。本来契丹建国先于赵宋五十余年，努力提倡文化也比宋早，如今眼见《蜀板藏经》告成，如何能不着急，并且彼国素来也尊重佛教，就觉得雕印《大藏经》为不可缓的事了。开雕年代，大约在兴宗之世（纪元一〇三一—五四），到道宗时（纪元一〇五五—六四）完成。《辽史》（契丹后称辽）第百五十一卷《高丽传》有云："清宁八年，送《藏经》一部于高丽。"清宁就是道宗的年号。但是《契丹本》也久已散佚，内容怎么样，无从考见；惟清代王昶所撰《金石萃编》第百五十三卷载有志延所做《旸台山清水院创造藏经记》云"印《大藏经》，凡五百七十九帙"，就是指《契丹板》。可见在《蜀板》四百八十函以外，也增加不少。

（3）日本板 梁代末年（六世纪中），佛教经典已流传到日本。到唐朝时，日本人玄昉入中国留学二十年，于唐玄宗开元二十三年（纪元七三五）归国，携去经论章疏五千余卷。到宋朝时，东大寺等僧奝（音刁）然到中国，宋太宗待他很优，得以游览五台山和各处佛地。这时刚刚是《蜀板藏经》刻成的第二年。太宗雍熙四年（纪元九八七），奝然归国，太宗拿《藏经》全部赏给他，这是日本得到全部《大藏经》的开始。后世也就注意刊印佛经，所刊零本不少。复听见高丽有《再雕板》，就竭力向高丽请求，至十余次，方得到一部。到宽永十四年（纪元一六三七），有僧人天海，赖德川氏保护的力量，创设雕经局于东叡山宽永寺，开雕全藏；到庆安元年（纪元一六四八）经过十二年而告成；总计六百六十函、六千三百二十三卷。这是活字木板《大藏经》，世称之为《天海板》。

到明治的时候，印刷术大有进步，日人岛田蕃根等在东京创办弘教书院，与增上寺僧行诚共同排印五号活字《小本藏经》，自明治十三年（纪元一八八〇）起，至十八年（一八八五），经过六年而告成；总计四十八帙、八千五百三十四卷。通称为《缩刷板》。这部经是用《丽藏》做底稿，再拿宋、元、明三本详细校对，标记异同，列于上眉；并且全书都加过句读，便于学者研读，最为特色。

藏经书院的正续藏 明治三十五年（纪元一九〇二），京都（日本西京）藏经书院用《明藏》做底本，复刊行《大藏经》，用四号活字排印，比《缩刷板》字体较大，也是全部加过句读，阅者易于醒目。到三十八年，经过四年而告成；总计三十七套、六千九百九十二卷。因为卷端有"卍"字，通称为《卍藏板》。藏经书院又刊行《续藏》，于明治三十八年（纪元一九〇五）起，到大正元年（一九一二），经过八年而告成；板式字体和《卍藏》一律，内容甚富，我国唐以后久经散佚的注疏，大部分被它收入；总计百五十一套、七千一百四十八卷。名曰《大日本续藏经》。惜不久经板遭火灾，惟商务印书馆影印本现尚流行，这是极可宝贵的。

到大正年间，高楠顺次郎等于大正十二年（纪元一九二三）发起《大正新修大藏经》，比较从前的《藏经》多有革新的地方：编纂则依学术的基础；校对不但用"宋""元""明""丽"等旧本，并且采用近代西域诸国地下发掘的珍籍，和我国敦煌所出唐人写经；经中人名、地名、术语，又拿梵文、巴利文一一对照。这实在是近世最善的板本。后来日本遭大地震的灾患，这事业几乎挫折，高楠氏等苦心经营，到昭和三年（一九二八）竟得全部告成；总计五十五函、二千三百三十六部、九千零六卷。

问题

一　宋太祖何故要雕刻《大藏经》？

二　明朝《南藏》《北藏》的分别？

三　《龙藏》在何时雕刻？

四　《频伽藏》的内容如何？

五　《续藏经》的内容如何？

六　单行本经典是何人刊印？

七　《高丽藏》的内容如何？

八　契丹雕刻藏经在什么时候？

九　日本雕刻的《藏经》有几种？

第九章　佛教的研究方法

第一节　佛教大体的研究

佛教自来没有入门书　凡是研究一种学问，总须先知道它的大体，然后再分门专攻。前者就是概论，初学的人，应由这入手；后者就是各论，那是专门深造。如今要研究佛教，也是这样。但是古来传下的佛教书籍，关于概论的极少。近代杨文会居士，他自己从《大乘起信论》入手，后来教授学人，就拿《大乘起信论》做入门书。然这部论说理颇深，又是一家的见解，决不能包括佛教全体。又有人主张初步读《起信论》外兼读《华严原人论》的。这部论是华严宗第五祖宗密所做，内容于儒、佛两教，一一比较；又拿佛教各宗教理的深浅，历历说明，很觉得详细；然彼著书的本意，是要推尊华严，抑置他宗，也是一家的见解，不能包括佛教全体。此外杨文会有自著的《佛教初学课本》，用三字经体裁，虽便诵读，也不易叫学子了解；范古农所做的《佛教问答》，是限于问答体，不能始终一贯；著者从前也曾做过《佛教浅测》，也觉过于简单，不足餍学人的希望。如今这部《佛学纲要》，就为应这需要而做的，于佛教的大体，既已包举无遗；全书用白话文，又易于了解。照现在出版品而论，这确是最合于初学的书。学者读过以后，如要再进一步，可以读我的《佛教概论》，这部论的内容，要比较高深一些。

第二节　佛教历史的研究

印度国民缺乏历史观念　一切学术，总有它的来源，和发达变迁的因果关系，所以历史的研究，极为重要。但是佛教最是特别，向来不重视历史。这是什么缘故？原来印度的国民性，喜用幽玄的思考，缺乏历史的观念，所以佛典中，关于历史材料，错乱荒诞，不可究诘：时代相差几百年，不算稀奇；叙一人的事，甲书中可说为圣人，乙书可斥为恶徒，极端相反的异说，可以并传下来。这是佛典历史特有的现象。至于附会神话，离奇变幻，更到处皆然。况且佛教从释迦牟尼传到如今，有三千年的长久；分布区域，南则由锡兰到缅甸、暹罗、南洋各地，北则由中亚、西域到汉地、西藏、蒙古，朝鲜、日本，范围又这样广大。所以研究佛教历史，比较他种学问，特别困难。近世经过西洋学者用科学的方法逐渐整理，日本学者继之，佛教的历史始有系统可寻。我国旧时的佛教徒，也受印度的影响，不晓得注意历史，就是偶有撰述，也只限于传记及编年，要从旧时典籍寻觅一部有系统的佛教通史，绝对没有，学者不胜遗憾。本书第二第三章和第五第六章，颇涉及印度佛教的历史；

第七章，涉及中国佛教的历史；于佛教上向来最缺乏的史料，特别注重搜集，就为弥补旧时的缺憾起见。学者既得了这种历史知识，当更做进一步的探究，就现在出版的书籍而论，关于印度方面的，有吕澂所做的《印度佛教史略》；关于中国方面的，有我近著的《中国佛教史》。倘拿这两书细看一过，于佛教全部历史，当可了然，不致像从前佛教徒的模糊影响了。

第三节　佛教教理的研究

佛教最后目的　研究佛教的主眼，就在教理；教理明白，然后依理修行，脱却生死的迷境，进入涅槃的悟境，方是佛教最后目的。上面各章所讲的，尽管千言万语，可以说都是为明白教理的预备。但教理极其广博，几千卷的《藏经》，无一不是讲教理的；并且各宗有各宗的教理。我们要研究，如何下手呢？这可不必虑，自有执简驭繁的方法。前文曾说过根本佛教是四谛（第四章第二节）；无论各宗教理讲得如何精深广大，均从四谛推演出来。如今将各经典所讲的共同原理提出，加以解释，探得教理的核心，以后再研究各宗专门的学说，就不至于望洋兴叹了。

经典的共同原理　各经所讲的共同原理，通称为五蕴、十二处、十八界三科，是从苦、集二谛推演而出。今分别加以说明：

（1）五蕴　外而世界，内而身心，种种物质，种种精神，纵横错杂，不可纪极，倘剖析起来，无非是许多元素聚合积集成功的。佛教为之起一名称，叫做蕴，蕴是积聚的意思。又拿这积聚的物质、精神，分为五大类，叫做五蕴。五蕴，是色蕴、受蕴、想蕴、行蕴、识蕴五种。这五种中，拿现在哲学上分类来说，色蕴就是物，受、想、行、识四蕴就是心。世间一切事事物物，可以物心二元包括无遗，所以佛教的五蕴，也就包括宇宙万有，毫无遗漏了。色蕴分析起来，有五根五境：我们的眼、耳、鼻、舌、身，叫做五根；眼见色，耳闻声，鼻嗅香，舌尝味，身觉得寒、暖、痛、痒等感触，这色、声、香、味、触五种外境，是我们眼、耳、鼻、舌、身五根的对象，叫做五境。我们想想看，宇宙万有这样复杂，然而克实说来，除掉色、声、香、味、触五境以外，还有什么东西？假如我们没有这五根的感受作用，那么宇宙万有，一件都没有的；所以佛家总称五根五境为色蕴，包括一切的物质。受、想、行三蕴，是讲心理发生的次序。我们的心，是什么样？从前的人，拿左胸里面跳动的肉团，叫做心；如今生理学考证明白，那是发血的器官，并不是心。心是脑神经的作用，似乎可以算定论了。然而有一种单细胞原始动物（阿米巴），它并没有神经，也有感觉作用，可见脑神经还不过是心的发动机关，不见得就是心的本体。佛教讲心的发生次序，第一步为感受，和现在心理学第一步先讲感觉，同出一辙。感受从环境而起，我们碰到的环境，有顺境，有逆境。碰到顺境，就觉得快乐，这叫乐受；碰到逆境，就觉得苦痛，这叫苦受；还有碰到不顺不逆的境，无所谓乐，无所谓苦，苦乐两舍，这叫舍受。我们自婴孩到成人，心理上积聚的感觉，不出这三受，所以叫受蕴。心中积聚了许多感受，这苦、乐、舍等念头，忽起忽伏，时往时来，就有对境想像事物的作用，这叫想蕴。想像不已，就有作善作恶的动机，由心行动，发现于身口，这叫行蕴。受、想、行三蕴，讲明心理发生的次序，很是精切。前说脑神经还是心的发动机关，不是心的本体，可见别有无形的心灵在那里，然在佛教，早已说明心灵的本体，叫做识蕴。识蕴分析起来，有八个识，聚合而成的，就是眼识、耳识、鼻识、舌识、身识、意识、第七识、第八识。我们的眼睛球，好像一个凸镜，外物的影像射入其中，就能见色。然有时候，心不在焉，视而不见，这是什么道理？那是外物的影像虽然射入眼球，却没有和眼根相对的缘故。佛教所说的眼根，不是眼球，是指球内的视神经而说；所以眼睛看见色，必有一定的条件，叫根境相对，方能发生眼识；眼识既生，就能辨别青、黄、赤、白等颜色，不相对，就不能见的。耳对声，也是如此。譬如室内挂一个时辰钟，一点起到十二点，按时发声。然而我们有时听见，有时不听见，就是心不在焉，听而不闻；可见耳之于声，也要听神经（耳根）刚刚和声音相对，方能发生耳识，辨别声音的高下长短。此外鼻对香，舌对味，身对触，都是这样。至于第六意识，作用广大，不论有形的无形的一切事事物物，都是意根的对象；这对象，佛经上有一特别名词，叫做法。因为一切事物，都有天然的规则，所以拿"法"字来包括它。意根和法，刚刚相对，就发生意识。我们的妄心，完全是这意识作用。凡夫无一刻不是妄心用事，所以只认意识做心体；就是心理学，也只研究到意识为止。佛家因为有禅定功夫，能叫妄心不起作用。这种功夫，能打破第六识，窥见内在的第七识；这七识中国向不知道，当然没有名词，只好翻译梵音，叫末那识。梵语"末那"两字，译为执我。凡是有生命的动物，没有不执持我见的。我们未曾打破第六识，不能窥见第七识的形状，然而也可以在它作用方面知道一点。试闭目一想心的现象：这第六意识，一念去，一念来，忽而想甲，忽而想乙，决不能老是拿住一个念头，注定在一个事物，永远不转变的，这可证明第六识是有间断的。然我们再想一想，就觉我字这个念头，自从出母胎以来（婴孩初生，就知道吃娘的乳，就是维持我的生命的一种本能），直到老死，是永远潜伏在心里，不间断的。可知执我念头，不在第六识的范围，属于第七识的范围了。至于第八识，也是佛家用禅观功夫，勘破第七识后，方才知道的。梵语的译音，叫阿黎耶，是含藏的意义。这识极其广大，宇宙万有，无论有生命、无生命的东西，都是这识所变出来的。所谓一切唯心所造，这"心"字就是指的第八识。倘欲详说，道理极深，既不易解，又限于篇幅，姑且拿含藏的意义略说一说：第八识譬如田地；我们的受、想、行三种作用，一经动念，这个念头，就如种子落在八识田中，无量数的观念种子，都含藏得进去。有时这种子，忽出现于脑海，我们就会记得起那件事体；所以我们数十年前的往事，忽然会想得出来，都是这八识的含藏作用。我们今生所做的善业恶业，身体虽死，这业力是含藏在第八识中，决不消灭的。所以我们到老死时，这识最后离开躯壳，托生时，这识最先投入母胎，做生死轮回的主体（拿现在流行的话来说，仿佛像灵魂。但灵魂是限于有生命的，这识连无生命的东西也是它所造的），就是这第八识。佛家超脱生死功夫，那是用种种方法去修行，拿这识转成大智慧，不再投入生死海，就成佛了。这八种识合为一蕴，叫做识蕴。

（2）十二处　眼、耳、鼻、舌、身、意和色、声、香、味、触、法，叫十二处。处是生长的意思，是说由眼、耳、鼻、舌、身、意的六根，色、声、香、味、触、法的六境，能够生长眼、耳、鼻、舌、身、意的六识的。

（3）十八界　眼根有眼根所处的地位；色境有色境所处的地位；根境相对，发生眼识，眼识也有眼识所处的地位。这根境识三者，各有界限，所以叫界。眼界、色界、眼识界；耳界、声界、耳识界；鼻界、香界、鼻识界；舌界、味界、舌识界；身界、触界、身识界；意界、法界、意识界：总共有十八界。

有为法和无为法　以上蕴、处、界三科，可以包括宇宙万有。就是拿苦、集二谛，详细分说，无论是物是心，都是有生有灭，所以又总括起来，叫做有为法。佛家教人修行，息灭妄心，转成智慧，脱离蕴、处、界的生灭境界，进入不生不灭的涅槃境界，就是道谛、灭谛。涅槃没有生灭，所以叫无为法。一切经论，大概都是说明有生灭是幻境，不生灭方是真境，教人舍有为法而入无为法的；知道这共同原理，教理就不难明白了。

第四节　经论的研究

经、律、论三藏，律是佛家的法典，专重实行，不关学理，所以研究佛学，只以经论为主。但是要研究经论，十分困难，约举起来，大概有三点：第一，名词的难解。佛典中名词，均含有特别意义，不像普通名词，可以寻名索解；况且各种学术，名词的繁多，殆莫过于佛典。无怪初学的人，一看见许多名词，就退缩了。第二，文章的深奥。佛典的文章，也和普通文章大不相同，这是因为从印度文翻译过来的缘故。印度文法，名词、动词的位置，和华文刚刚颠倒，译为华文，自然不能十分流畅；何况翻译的语句，都是唐宋以前的文体，今人读起来，如何能够易明了。第三，道理的幽玄。佛教的所含哲理，比任何宗教来得精深；初学的人，要通晓这种精深博大的学说，谈何容易！有这三种困难，所以学者对于经论，虽然有志研究，往往掩卷太息，不得入门。著者三十几年前就喜欢看佛典，得到一部经，或一部论，不管什么，便从头到尾研读一遍。虽然读完，实在未解，然深晓得它的道理是极高的，于是拿来再读，觉得似解非解，只得暂时搁置。隔多少时，又拿来阅读，甚至三读四读，不肯罢手，然终不能十分明了。这样徘徊门外，几几乎十多年。民元以后，到北平，遇见了许多善知识，或请他口讲，或执经问难，方才得到门径。自后凡遇到法师讲筵，总去列席静听，回来自己研究，近十几年来，始于大小乘性相各宗，均有相当的认识。如今拿我的研究经过情形，报告读者，可勿若我的迂回曲折，走许多冤枉路，要十多年方才入门。如何能不走冤枉路呢？最要紧的，就是初入手研究，总得有一个先生或朋友替你讲解；倘然得不到别人来讲解，那么看完这本书后，于佛典的特别名词和教理，已经知道一点，就可拿法相宗的两部入门书，先下手研究：一部是《大乘广五蕴论》，一部是《大乘百法明门论》。倘然能拿这两部书研究一过，就于佛典中的名词可以懂得一大部分。从这以后，再看别种经论，可以慢慢的了解。如今拿这两部论的内容，介绍于下：

法相和法性的意义，前文已说过（第七章第三节）。法相宗的经论，可分两大类：一种是从法相讲到法性，就是先讲色法，再讲心法；一种是从法性讲到法相，就是先讲心法，再讲色法。所以法相宗又可分做两宗，前者叫法相宗，后者叫唯识宗。《广五蕴论》，是属于法相宗；《百法明门论》，是属于唯识宗。

《五蕴论》是印度世亲菩萨所做的；后来安慧菩萨又替它添些解释，意义较广，所以叫《广五蕴论》。论中所讲的，就是色蕴、受蕴、想蕴、行蕴、识蕴。色蕴是色法，识蕴是心法，这是从法相讲到法性的。其中包含甚广，宇宙万有，都在色蕴里面；八种心识和心的动作，都在其余四蕴里面。讲完五蕴，复说十二处、十八界。佛典中重要名词和紧要道理，大概都讲到的。这论是唐朝时地婆诃罗（Divākara）翻译过来，一向没有人做过注解。著者从前用近代浅近文字，替它做过一部注，叫《大乘广五蕴论注》（商务印书馆出版），读者看这部注，就于本文不难了解的。

《百法明门论》，也是世亲菩萨所做的。内容是问答体，讲一百种法、两种无我：一百种法，里面九十四种是生灭的有为法，六种是不生灭的无为法；教人脱离有为而进入无为。卷末讲世间无生命的法和有生命的人，都是生生灭灭，变迁不停，自己丝毫没有主宰，实在是无我，叫做人无我、法无我，就是两种无我。书中讲有为法时，先讲心法，再讲色法，是从法性讲到法相，材料仍不出蕴、处、界三科，可和《五蕴论》互相发明的。这论是唐朝时玄奘法师所译，他的弟子窥基做注解，叫《百法明门论解》；后来人做的注疏，还有好几种。这样有注解的本子，各地佛经流通处都有出售。比较《广五蕴论》向来无人注过，却恰相反。可惜旧注文字太深一点，然都可以做参考的。

以上两部论，不单是法相宗的入门书，并且为研究各种经论的入门书。这是什么缘故？因为法相宗讲宇宙万有的一切法，比各宗来得详细，所以包含的名词最多。研究经论第一重难关在名词，那么从这宗入手，懂得名词的大部分，再看他种经论，可以减却许多困难了。

既得入门以后，就应该研习各种经论，或专门研究一宗的经典。看各人性质近于何宗，就习何宗，不必拘泥。如今再将佛学入门书目表列于下方：

佛学入门书目表

书　名	册数	价　目	出版处	内　容
总　论				
佛教问答 佛教问答选录	合一册	二角二分	商务印书馆	是书将佛教名词及要义，用问答体裁说明之，极便初学
佛学浅测	一册	五分	佛学书局	是书以浅近文字叙述佛教奥义，并详大小乘十家宗派
佛教初学课本	一册	一角八分	南京延龄巷金陵刻经处	是书述佛教之缘起及各宗派，浅近详实
佛教概论	一册	八角	中华书局	是书分为三编：第一编绪论，述佛教之由来及分派；第二编本论，述教理与解脱；第三编各论，述大小乘宗派
十宗略说	一册	四分	金陵刻经处	略述大小乘十家宗派
佛教研究法	一册	八角	商务印书馆	指示佛教实际研究方法，分藏经、佛传、教史、教理四部
佛法与科学之比较研究	一册	三角	开明书店	此系科学家王季同所著，用科学证明佛学，极其精切
历　史　部				
印度佛教史略	一册	一元二角	商务印书馆	叙述印度佛教之史实学理，颇简明，并多插图
中国佛教史	三册	二元	同　上	从佛教传入中国以至现代，其中盛衰变迁之迹，均叙述详尽，便于读者

续　表

书　名	册数	价　目	出版处	内　容
佛教史表	一页	五分	支那内学院	用历史眼光，考定佛教流传之年月
华　严　部				
华严普贤行愿品疏节录	一册	一角五分	北平佛经流通处	此为《华严经·普贤行愿品》最后一卷，为《华严》之关键。节录疏文，以便学者
华严原人论合解	一册	二角五分	南京金陵刻经处	述人生之由来，比较儒道二家之说，以佛教为归宿
华严要解	一册	一角三分	北平佛经流通处	解《华严经》之要义
方　等　部				
圆觉经讲义	二册	五角	商务印书馆	是书为谛闲法师所编，解释详明
圆觉亲闻记	二册	五角	同　上	是书为江杜、蒋维乔等听谛闲法师讲经时之笔记，可与《讲义》合看
圆觉经讲义附亲闻记	六册	一元三角五分	天津刻经处	即上两种汇刻本，阅之甚便
维摩诘经注	二册	三角五分	北平佛经流通处	注释简要
净　土　部				
净土四经	二册	四角	商务印书馆	净土宗之《无量寿佛经》《观无量寿佛经》《阿弥陀经》《普贤行愿品》四经合刻
净土津梁	九册	一元四角	同　上	此书为清乾隆时比丘了能所辑，久已佚失，今得此足本，深为可贵

续 表

书 名	册数	价 目	出版处	内 容
念佛直指	一册	四角	同 上	此书由径山寺原刻影印，为完全足本
阿弥陀经要解	一册	一角六分	上海佛经流通处	此书依原刻本印行
往生论注	一册	二角九分	同 上	此书依原刻本印行，谈净土往生之事实
印光法师文钞	二册	五角五分	商务印书馆	书中多谈净土，发人深省
法 相 部				
略述法相义	一册	二角五分	南京金陵刻经处	谈法相之要义
略述百法义增注	一册	一角	北平佛经流通处	就略述法相义中，仅取百法，为之增注
唯识抉择谈	一册	一角	南京支那内学院	谈唯识之要义，多独到处
唯识讲义及笔记第一二卷	各一册	各 一 角五分	同 上	此系欧阳竟无居士为学者讲《成唯识论》之八段十义而作，其笔记则听讲者随时所记也
相宗纲要	一册	四角五分	商务印书馆	详释相宗之名词及要义
解深密经注	三册	五角	南京金陵刻经处	学法相者以此经为宗
佛说大乘稻芉经（附随听疏）	一册	二角	商务印书馆	此从唐人写经中录出，颇便初学法相者
性相通说	一册	七分	南京金陵刻经处	会通性相二宗之义
百法明门论解疏大乘五蕴论广五蕴论	合一册	二角二分	同 上	《百法明门论》《五蕴论》，为学法相者初入门之书

书　名	册数	价　目	出版处	内　　容
相宗八要直解	二册	三角二分	同　上	取相宗八种要典，加以解释，虽不免讹误，然便于初学
大乘广五蕴论注	一册	三角半	佛学书局	《五蕴论》向来无注，读者颇感困难，此书以浅近文字解明奥义
声明略	一册	一角	南京支那内学院	印度有五明之学，声明是其一种，我国翻译未完备，此书可补其缺
般　若　部				
心经金刚经 宗泐注解	一册	一角一分	南京金陵刻经处	解释简明，最便初学
心经六家注	一册	二角	商务印书馆	择注解之精当者，汇为一编
般若纲要	四册	一元二角	北平佛经流通处	详述《般若经》之要义
心经口义记	一册	非卖品，只取邮费一分	潮州义安路震旦密教重兴会	解释简明
法华涅槃部				
法华 击节轮贯	合一册	一角四分	北平佛经流通处	《法华经》文义渊深，此书解释较简便
妙玄节要	二册	三角二分	同　上	节取智者大师《法华玄义》而成此本
涅槃玄义	一册	一角二分	南京金陵刻经处	开为五重，说《涅槃经》之大意
秘　密　部				
楞严贯摄	四册	一元四角	上海佛经流通处	《楞严经》注解甚多，此解详略适当

续　表

书　名	册数	价　目	出版处	内　容
显密圆通	一册	一角六分	南京金陵刻经处	会通显教、密教之旨
菩提心论教相记	一册	一角三分	同　上	谈密宗观心之法
密教纲要	二册	六角	南京金陵刻经处	详述秘教之纲领
密宗要义	一册	一元	上海佛经流通处	于密教之要义，叙述精当
秘藏宝钥	一册	二角二分	上海佛经流通处	即《十住心论》之节本
真言宗付法传	一册		同　上	述密宗自西土入中国之师承
大　乘　论				
大乘起信论讲义	二册	四角五分	商务印书馆	此书以近来文字解释《起信》奥义，颇便学者
禅　宗				
禅关策进	一册	一角	南京金陵刻经处	说禅关中精进之法
证道歌注	一册	一角	同　上	说禅门证道之事
六祖坛经	一册	一角三分	北平佛经流通处	禅宗之第六祖慧能自述用功得力之处
天　台　宗				
童蒙止观 六妙法门	一册	一角七分	南京金陵刻经处	欲学止观，可以此书为入门
教观纲宗	一册	一角	同　上	简要不繁，便于初学
随自意三昧	一册	一角六分	天津刻经处	说明随时修观之法

续　表

书　名	册数	价　目	出版处	内　　容
三　论　宗				
三论宗纲要	一册	五角	商务印书馆	说三论宗之沿革、宗纲、教理，简明易晓
参　考　书				
重订教乘法数	六册	一元六角	南京金陵刻经处	将佛经中名词以数目编列解释之，便于检查
翻译名义集	六册	一元一角	同　上	内分六十四类，以梵语详华言，并释其义
大明三藏法数	十六册	四元八角	北平佛经流通处	编次方法与《教乘法数》相同，而尤为详备
佛教小辞典	一册	一元四角	上海医学书局	藏经中专门名词，搜集颇备，解释亦当
佛教大辞典	十六册	十二元	同　上	此为现在比较详备之佛教辞书

问题

一　古来有佛教的入门书否？

二　印度国民何故缺乏历史观念？

三　佛教最后目的是什么？

四　经典的共同原理是什么？

五　什么叫蕴、处、界？

六　有为法和无为法的分别？

第十章　佛家的修行方法

第一节　戒定慧三学

前文第四章里，曾经说过释迦的根本教法是苦、集、灭、道四谛。我们既已知道人生是苦果，今生所以结成这苦果，是前生所造的业和烦恼聚集成功的。我们如果听其自然，顺着生生死死去轮转，也就罢了；倘若要超出这苦海，解脱生死的苦痛，就不能不讲修行方法，这方法就是四谛中的道谛，叫八正道（见本书第四章第二节）。要实行这八正道，有一定的下手次序，就是戒、定、慧三种学问。

戒学　什么叫戒学呢？人们的动作，总不外乎身、口、意三业，戒就是防止恶业而定的规条。释迦在世时候，因为防止弟子们有作恶的行为，立下种种戒条。释迦灭度后，优波离诵出戒律（见第五章第一节），成为定制，就有律藏。以后分派愈多，条文细密，比丘有二百五十戒，比丘尼有三百四十八戒，成为了专门的学问。但是戒条尽管繁多，都从根本的五戒推演而出，所以我们只要知道创立五戒的本意，就得到戒学的要领了。五戒名目：第一，是不杀戒。人类和畜生，同是有生命的动物，如今为贪自己的口腹，杀害他物的生命，来滋养自己的生命，论情论理，都说不过去；然而人们竟因向来习惯，视为固然，岂不可怪！昔颠云禅师有云："数百年来碗里羹，冤深如海恨难平。欲知世上刀兵劫，须听屠门半夜声。"何等痛切！动物被人类宰杀，不过力量不敌，无可如何，怀恨报复的念头，何尝没有！这是佛家第一要戒杀的意思。第二，是不盗戒。物各有主，不是我的，何可妄想窃取？这理人人都易明白。但是立戒的本旨，那是对于他人的物，丝毫不生一点妄取的念头。譬如公家的物件，无论一张纸，一枝笔，我不是公事，也绝不滥用，这就不容易了，这样方算是不盗。第三，是不邪淫戒。我们投胎做人，就是因为父母的淫欲而来，所以淫欲是生死的源头。如今要超脱生死，当然要在根本上解决，所以要戒淫。出家人简直断绝淫欲，立戒格外的严，就叫不淫戒。若是在家人，都有妻室，不容易立刻断除，故立下不邪淫戒；就是除自己妻室外，不可对他人妻女有邪淫的行为，叫做不邪淫。第四，是不妄语戒。离开事实，妄造虚言，这种颠倒是非，诳惑众听，是最不好的行为，也是人们最容易犯的毛病，所以要立这戒。第五，是不饮酒戒。饮酒足以乱性，令人昏乱。就是照现在卫生家说话，饮酒也是有害无益的。再推广的说，释迦在世时候，还没有吸烟的风俗，所以不曾立不吸烟戒；照现在的习俗，应该立不饮酒不吸烟戒才是。

前文曾经说过人们的根本烦恼是贪、瞋、痴（见第四章第二节），一切烦恼都从这而出，所以叫三毒。三毒先以意思做动机，然后发现于身的方面，而为杀、盗、淫的恶业；发现于口的方面，而为妄语的恶业；发现于身口两方面，而为饮酒的恶业。可知五戒就是对症发药，治这三毒的毛病。不杀是戒瞋的，因为凡是杀念，总是由瞋而起的；不盗所以戒贪，凡盗念总是由贪而起的；不淫所以戒痴，男女的欲，总是由痴而起的；不妄语是兼戒贪痴，大概妄语无非是想隐藏自己罪恶，或想诈取名利，隐藏是由痴而起的，诈取是由贪而起的。这贪、瞋、痴三毒，是人们有生以来本性固有，对此立不杀、不盗、不淫、不妄四戒，是治本性的病，所以这四种叫性戒；至于饮酒，虽和贪、瞋、痴也有关系，但是因后天的欲望而起，不是本性所固有的，所以饮酒一戒叫做遮（禁也）戒。

人们果能实行这种戒学，自然烦恼慢慢减轻，去恶进善，自有把握，所以学佛第一要从戒入手。

定学　什么叫做定学呢？定是治心的最要功夫。人们的身心苦果，既然是业和烦恼所聚集的因造成功的，可知要解脱这苦果，先要断这苦因。业和烦恼，无非从心发生，试返观我们的心，是怎么样情况？那是前念去，后念来，念念相续不已的无数妄念就是了。于此可下断言，人们生死的根本（因），就是这个妄念。既已明白这理，所以治心功夫是最要紧没有的了。戒学既除掉身口方面的恶业，定学就专从心的方面下手。下手方法，大概可就预备及实行二段，略说一说：

（1）预备以环境为先，当择寂静的地方，免得纷乱心意，所以出家人住的寺院，多在名山。我们在家人，不能入山，但在家中择一间净室，也就可以。既得到相当环境，然后先用调身调心的功夫：身的方面，饮食宜有节不宜多；睡眠宜有一定时间，大概以八小时为度；平时举动，勿可粗暴，使气血平和，肢体愉快。心的方面，妄念用事，从吾人有生以来，就是这样，所谓意马心猿，要它调伏，真是不易；然不可怕难，慢慢做去，久后自然有效果。须知我们的动作，不外行、住、坐、卧四种威仪。除卧时我们没有把握外，其余行、住、坐三威仪，我们要时时刻刻留意，不要听他胡思乱想；如治乱麻，耐性徐徐理之、自有头绪。

（2）实行就是每日早晨或晚上，到静室中去打坐。这也要在身心两方面注意：身的方面，应置一方凳，上铺厚软的垫子，臀部再垫高一二寸，然后盘足端坐于上，或用右腿加于左腿，或用左腿加于右腿，都可随便；左右手交握，安于小腹的下方；肾囊要悬空，勿使受压。心的方面，就要一切放下，拿妄念扫除干净，只存一个正念；犹如明镜，不染一尘。初学的人，于这种功夫，最难下手；但有一种简便方法，就是数息法。鼻端的气，一出一入，叫一息。入坐以后，怕心意散乱，就可留意一出一入的息：第一息数个"一"字，第二息数个"二"字，如是一直数到"十"字，再回转来数"一"字，循环默数，自"一"至"十"，一点不乱。念头全注在数字上，纷乱自然可免。况且息是属于身的方面，数是属于心的方面，今用这法，可使身心自然合而为一。这法是初习定学的人最合式的。要知道定学的详细情形，可参看我的《因是子静坐法续编》。

慧学　什么叫慧学呢？这"慧"字极难说明，因为是定力所生的大智慧，到这地步，就能断妄惑（妄念自然不生），证真理；不是我们平常的小智小慧。我们没有由定生慧的功夫，要来说这慧学，如何能明白呢！然而不说又不可，姑且略说它的本体，再用譬喻以为证明。原来我们的心固然是妄念用事，然而我们的真心是不动的，不过被妄念遮蔽，真心就不能发露了。譬如明镜，被灰尘所遮蔽，好像失掉照物的作用，其实镜的本体，毫无欠缺，只须拿灰尘拂拭干净，镜体就仍旧发光，照物无遗了。真心也就像这样，当妄念用事时候，如镜被尘蔽，真心完全隐藏。我们若用定学扫除妄念，归到一个正念，久而久之，妄念脱落，真心的灵光自然显露，这时也如明镜照物无遗，这就叫做慧学。

　　戒、定、慧三学，是佛家的根本功夫。三藏中的律藏，是讲戒学的；经藏，是讲定学的；论藏，是讲慧学的。小乘从四谛用功，道谛中的八正道，就是戒、定、慧；大乘菩萨的六度（见第四章第二节），也是戒、定、慧。今用表示之如下：

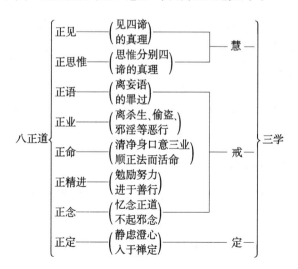

第二节　禅　观

禅是静虑，观是观心，实在就是定学。但各宗都依据定学，各倡本宗的禅观方法，禅宗并且专以禅观成为一宗，所以应另立一节，加以说明。

各宗的禅观，如三论宗的实相观，法相宗的唯识观，天台宗的止观，华严宗的法界观，倘若一一详说，恐占篇幅。况且三论、法相两宗的观法，现在已无人能修，近乎失传。就是天台、华严两宗的禅观，实际上也很少修习的人。如现代宏扬天台宗的谛闲法师，所传教义，虽是天台，自己修习，也从参禅得力，晚年且专修净土，并未从事止观。现在宏扬华严宗的应慈法师，所传教义，虽是华严，他率领弟子在禅堂尝用功，也完全是禅门方法。可见现在只有禅宗，尚有历代祖师相传的禅观，遗风未坠。著者专就禅宗说禅观，也是事实上应该这样，不单为减省篇幅而然。

小乘禅的传入中国　禅观自汉末到现在，也经过多少变迁。汉末安世高所译许多禅经，都属小乘禅，其中所说的法门，大致不出四念处、五停心等类。四念处就是观身不净、观受是苦、观心无常、观法无我四种。我们既要脱离这苦果，应该返观自身，内储粪秽，外多汗垢，遍体是不干净的，就生厌离思想，这叫观身不净。我们感受顺境，就快乐；感受逆境，就苦痛。仔细观察，完全为外境所转移，实则各种感受，无非是苦，这叫观受是苦。我们的心，一念生，一念灭，相续不已，没有一秒钟停止，这叫观心无常。世间一切事事物物，都是生生灭灭，了无主宰，这叫观法无我。五停心就是多贪不净观、多瞋慈悲观、多散数息观、愚痴因缘观、多障念佛观五种。人们贪、瞋、痴等烦恼各有偏重，五停心是就各人偏重的烦恼，对症发药，叫他停心作观。如多贪淫的人，叫他做不净观功夫，观男女的身都是十分不干净，贪念自然渐渐减少，所以说多贪不净观。如多瞋怒的人，叫他自己返观：我与众生，都是平等，既然平等，何可发怒，损害他人？慈悲的念头，就会起来，所以说多瞋慈悲观。人们要进静室，用打坐功夫，起初大都心意散乱，不能入静，下手方法，莫妙于数息。前文讲定学时，已说过了，就是多散数息观。对于世间的事事物物，不晓得它是内因外缘凑合而成，了无实在，总以为是实在有的，因此就生执着，不肯放舍，这是愚痴；治这愚痴病，要他知因缘凑合的道理，所以说愚痴因缘观。还有一种业障深重的人，要想修行，就生出种种障碍，叫他修不成；这种人自己力量不够，要仰仗佛力来帮助，所以说多障念佛观。这种小乘禅法，从汉末流行到东晋，因为方法上面多冠以"四""五"等数字，就通称禅数之学。

大乘禅的传入中国　到东晋时，佛陀跋陀罗译出《达摩多罗禅经》，姚秦鸠摩罗什译出《坐禅三昧经》《思惟略要法》等，大乘禅就传入中国，以一切诸法都是因缘所生，毕竟是个空相，从这着力，以修禅观，比小乘进一步，也称为菩萨禅。六朝刘宋时，菩提达摩到中国，倡不立文字的禅观，从此禅观就自成一宗了。达摩教弟子，既是以心传心，所以他的方法怎样，难于详考。传到第五祖弘忍，他的门下有两大弟子名神秀和慧能：神秀才学很高，大众佩服；慧能并不识字，在碓房里工作，身操贱役。有一天五祖令弟子各依自己见解，做一偈文，看看他们的功夫怎样。神秀就做一偈道："身如菩提树，心如明镜台。时时勤拂拭，勿使惹尘埃。"拿此偈贴在大众共见的地方，众人个个都叹服。刚刚慧能从碓房走出，问众人议论的什么？众拿此偈文读给他听。慧能说这偈不好。众都笑他。他就口头改成一偈说道："菩提本非树，明镜亦非台。本来无一物，何处惹尘埃！"照他的见解，真合达摩直指人心的本旨，所以弘忍就拿法传给他，称为第六祖（见《六祖坛经》）。神秀的用功方法，慢慢地拿心中妄念拂拭干净，是渐进的；慧能的用功方法，豁然悟到妄念本来没有，用不着去拂拭，是顿悟的。后来神秀的渐法行于北方，称北渐；慧能的顿法行于南方，称南顿。禅宗就分南北两派；南禅后来又分五派（五派的名词，见第七章第三节）。

坐禅与参禅　禅宗的禅观，无论小乘禅、大乘禅，起初都拿坐禅为主。坐禅是盘膝端坐，心中不思善，不思恶，脱却迷悟生死的妄念，达到安住不动的境界。到宋朝临济宗盛行，改用参禅的方法，叫做参话头，就是抱定一句没有意味的话头，如"念佛是谁?"或"父母未生我以前的本来面目?"。不论行、住、坐、卧，总是咬定这句话头丝毫不放松，极力参究，自有豁然贯通心境开明的一天，就是悟道。这种禅观法门，简单直捷，所以到如今，我国临济宗的大丛林还是沿用这法。

禅观的悟道境界究竟是怎样? 这难以笔墨形容得出。大概功夫到纯熟时候，知情意的作用均不复起，一切妄念顿然消失，鼻端呼吸气息也几几乎断绝；这时惟有一片光明，内面看不见身心，外面看不见世界：悟道的光景，就是这样。

第三节 念 佛

念佛是净土宗的法门，但是现在天台、华严各宗，都注重念佛；就是禅宗，也要禅净双修。这可考见禅净两宗，最适合于我国社会，比较他宗独盛的缘故。所以念佛方法，也另立一节来说明。

定心念佛与别时念佛 净土宗在东晋慧远初创立时，也兼用禅观，并非专念阿弥陀佛的名字，有所谓定心念佛、别时念佛法门：定心，是心中默想佛的相貌、佛的威德，就是禅观；别时，是指一定的时间，白天三时、夜间三时，于这一定时间，心想佛在面前，口唱佛名，由此想到将来往生西方佛国。这是慧远传下的念佛法门。到唐善导大师，专为接近下级人民，所以单用持名（口唱南无阿弥陀佛）的方法。越简单，越容易普及，一直传到如今，全国学佛的，差不多十分之八九，都用这法。

观想的方法　我们要说明这方法，应该拿观想和持名两种分别来说。《观无量寿佛（即无量寿佛阿弥陀佛）经》中，有十六种观法，说观想最为详细，今节录于下：

第一，日想。正坐西向，谛观落日，令心坚住，专想不移，见日欲没，状如悬鼓。既见日已，闭目开目，皆令明了。是为日想观。第二，水想。见水澄清，亦令明了，无分散意。既见水已，当起冰想。见冰映彻，作琉璃想。此想成已，见琉璃地，内外映彻。是为水想观。第三，水想成时，观之明了，闭目开目，不令散失。如此想者，名为粗见极乐国土。是为地想观。第四，次观宝树，行行相当，叶叶相次，于众叶间，坐诸妙华，涌生诸果。见此树已，茎、枝、叶、华、果，皆令分明。是为树想观。第五，八功德水想（一澄净，二清冷，三甘美，四轻软，五润泽，六安和，七饮时除饥渴，八饮后能长养诸根）。极乐国土，有八池水，一一水中，有无数莲华。是为八功德水想观。第六，国土之上，有五百亿宝楼。其楼阁中，有无量诸天，作天伎乐。又有乐器，不鼓自鸣。此想成已，名为粗见极乐世界宝树、宝地、宝池。是为总想观。第七，于宝地上，作莲华想。一一叶上，皆放光明，其光如盖，遍覆地上。此莲华台，众宝真珠，以为校饰。于其台上，自然而有四柱宝幢。是为华座想观。第八，次当想佛。先当想像，闭目开目，见一宝像，身作金色，坐彼华上。见像坐已，心眼得开，了了分明，见极乐国。复作一大莲华在佛左边，想一观音菩萨像，坐左华座。复作一大莲华在佛右边，想一大势至菩萨像，坐右华座。此想成时，佛菩萨像，皆放光明，名为粗想见极乐世界。是为像想观。第九，当观无量寿佛，身相光明，眉间白毫（白毫光）右旋宛转，佛眼青白分明，彼佛圆光遍照十方世界。是为佛真身想观。第十，次应观观世音菩萨，身紫金色，顶有肉髻，项有圆光，举身光明照十方国，以手接引众生。是为观世音想观。第十一，次观大势至菩萨，此菩萨身紫金色，亦如观世音。有缘众生，皆悉得见。是为大势至菩萨想观。第十二，见此事时，当起自心，生于西方极乐世界。于莲华中，结跏趺坐（即盘膝坐），作莲华合想，作莲华开想。莲华开时，有五百色光来照身想。眼目开想，见佛菩萨满虚空中。见此事已，名见无量寿佛极乐世界。是为普想观。第十三，若欲至心生西方者，先当观于一丈六像，在池水上，如先所说无量寿佛。于十方国，变现自在：或现大身，满虚空中；或现小身，丈六八尺。所现之形，皆真金色。观世音菩萨及大势至菩萨，助阿弥陀佛，落化一切。是为杂想观。第十四，上品生观。第十五，中品生观。第十六，下品生观。

十六种观分四个段落　这种观心方法，就可为净土宗的禅观。十六观中间，可分四个段落：从第一观到第六观，是第一段，是观想极乐国土。这国土在西方，所以先从落日观起；国土在池水上，故从落日而观到海水，由水而冰，渐渐变成琉璃地，是极乐国土已现在前面；然后观树，观水，观佛所居的楼阁，这极乐世界就完全现前了。从第七观到第十一观，是第二段，是观极乐世界中的佛菩萨。佛菩萨都坐在莲华座上，所以从下面观起，先见华座；再想我们习见的佛菩萨塑像，坐在华座上面；观想明了，然后移到无量寿佛、观世音、大势至的真身观。第十二观到第十三观，是第三段。就是想自己往生极乐国土，趺坐在莲华中间。起初莲华完全闭合，如在母胎，到莲华一开，有佛光来照，眼目开明，看见佛菩萨，这就是往生成功，华开见佛。然后重复观想佛菩萨，在池水上，或在十方，变化自在，普化一切众生。第十四观到第十六观，是第四段。因为修净土的人，根器有利有钝，功夫有深有浅，所以往生西方，也分上中下三品；每品中间，又分上生、中生、下生三品，共有九品。这最后观想，是令修行人知道往生的品有高下，可以格外努力的意思。

持名的方法　次说持名。执持阿弥陀佛名号，方法虽简单，然而也有好几种。就念佛的方法而说，有觉性念、观相念、持名念三种：觉性念，就是念佛时候，回光返照（即闭目观心）自己的本性本来同佛没有两样，念到一心不乱，念念相应，这心就是佛了。《华严经·兜率偈赞品》："以佛为境界，专念而不息，此人得见佛，其数与心等。"这四句文，是说心中拿佛做对象，一心专念不歇，久久就能看见真佛。一众生念佛，得见一佛；多众生念佛，得见多佛；见佛的数目，和众生心的数目相等。这叫做觉性念。观相念，就是依《观无量寿佛经》的观法，观想佛身净妙，佛土庄严，心中观想，口中念佛；或是初学的人，直用塑像，或画像，对之作观，专精念佛。这都叫做观相念。持名念，就是不作观想，专持佛名，也有高声持、金刚持、默持的分别：发出高声，朗朗持诵，最易提起精神；默持刚刚相反，单是心中默诵，完全不动口舌；金刚持介乎高声和默诵的中间，单动口而不发出声音。这可就各人的性质所近，或时间和地方的关系，合宜于那一种，就选用那一种。这叫做持名念。

　　就念佛的声音而说，有和缓念、追顶念两种：和缓念，声音是长而且缓的。先要拿心中一切妄念统统放下，然后提起一个念佛的正念，鼻端一呼一吸的时间，念一个"南"字；再一呼吸，念一个"无"字；如此逐字念去，声音极和极缓。倘若旋绕佛像，一面行走，一面念佛，可以一步念一个字。虽然和缓，而一字一字，绵密不断。这叫做和缓念。追顶念，是念"南无阿弥陀佛"一句刚完，第二句立刻追顶上去，中间不许有间断，妄念就无从发生。或预定一天，自早至晚，念个不歇；功夫纯熟，可延长到两天，更加增至七天、十四天、四十九天，念到妄念脱落，虚空粉碎，大地平沉，一法不立，方算得手。这法非精神强健勇猛刻苦的人不能用，用时也要留心，不可十分高声以伤气，不可努力默诵以伤血。这叫做追顶念。

就禅净双修而说，有禅定念、参究念两种：禅定念，是坐禅而兼念佛。当澄心静虑，寂然不动时候，静极而觉，就拿这觉心，默念佛号。《坐禅三昧经》有云："菩萨坐禅，不念一切，唯念一佛，自得三昧（三昧就是定）。"就是说禅定念佛。这是最上最稳的方法。参究念，是参禅而兼念佛，于参究念佛是谁，并参究这念佛的心怎样生、怎样灭、怎样去、怎样来，参到尽头，妄念逼榨干净，豁然开悟，同前文所说悟道境界是一样的。

大凡有知识的人，对于念佛法门总要怀疑，以为近乎宗教的神话。著者在三十余年前开始研究佛学的时候，也是这样。后来明白了净土宗的道理，方才觉到从前的怀疑全然错误。如今拿这道理简简单单说一说。原来我们这个身体，是无明妄心所造成，是虚幻的；这身体所凭依的环境——大地山河，也是妄心所造成的幻境。何以见得呢？如果不是幻境，是真境界，应该不生不灭，常住不变，方算得是真。现在我们的身，从婴孩到少年，到壮年，到老年，到死，是没有一刻不变化的；心中前念去，后念来，也没有一秒是不变化的；大慢山河，骤看好像是永久，实则也在那里刻刻变迁，不过人们不能觉察，必要到火山喷火、地壳震裂、陵谷变迁以后方才知道罢了。这等内而身心，外而世界，一切的幻境，既然都是妄心所造成，可见妄心是有生有灭的。而妄心所依而起的本体，那是真心，真心却是不生不灭常住不动的实境。学佛是什么作用？就是返妄归真。既然一切幻境都是妄心所造，那么学佛下手方法，应该先来移动这个妄心，叫它慢慢地转到真心。所以各宗的方法虽然不同，而扫除妄念，归于正念，是共同一贯的。念佛方法，就是收摄众念，归于一念，念到一心不乱，真心发露，我们现在所住的恶浊世界，就立刻会变成极乐世界。一切唯心所造，绝对不是虚言。至于前文所说十六种观想，就是慢慢移转妄心妄境，归到真心真境的法门，目的和念佛是同一的。古来念佛功深，临终得往生西方的人，历史上不少实例；就是现在知友亲戚中间念佛得到往生西方的人，耳闻目见，也不在少数。可见这法门的巧妙，能够普及全国，实非无故。

第四节 持 咒

"咒"字的意义 咒是密宗所用的修行方法；梵语叫陀罗尼，译为总持，有总一切法、持无量义的意思包含在里面。佛法没有到中国以前，我国本有一种禁咒法，能发神验、除灾患。传布密教的番僧，有时持诵陀罗尼，也能发神验、除灾患，和禁咒法有相似的地方，所以翻译为咒。《大智度论》卷五云："陀罗尼者，秦言（这论是姚秦时鸠摩罗什所译，故称华言为秦言）能持，或言能遮。能持者，集种种善法，能持令不散不失。譬如完器盛水，水不漏散。能遮者，恶不善根心生，能遮令不生，若欲作恶罪，持令不作。是名陀罗尼。"这是说持咒的力量可以进善止恶。止恶作善的功夫，是修行下手最重要的。

《佛地论》卷五云："陀罗尼者，增上念慧，能总任持无量佛法，令不忘失。"这是说持咒最后可以成佛的功用。念是念头，慧是智慧，持咒必定一念注定咒语，持诵既久，能发生智慧，所以增上念慧是增加正念和正慧；念慧既然增加，就能担任保持无量佛法，令心中永久都不致忘记遗失，最后就可以成佛了。

密宗的持咒，对于身、口、意三方面，都有一定的规矩：每一咒，都有用手指结印的方式，名曰手印，是为身密；口中诵咒文，句句分明，毫无错误，是为口密；每一咒，都有佛菩萨的对象，心中观彼佛菩萨的种子字（以佛菩萨名字的第一个字母代表佛菩萨的本体，叫种子字，如大日如来的种子为"阿"字之类），是为意密。因为修行的人身、口、意三方面同入于秘密的境界，妄念自然可以不起，功夫久久纯熟，就可以即身成佛的。这是密教修行和显教不同的地方。然而显教的经典中，附有咒语的也很多，如普通所念的《大悲咒》《往生咒》等等，它的功用，和密宗没有两样。不过显教修行，是拿持咒做助力的；密宗是拿持咒做主体的。并且密宗的咒，有手印，有观相，必定要阿阇梨（轨范师）亲口传授，方有效力；显教持咒，不必一定用手印观相，可以随便传授。这是显密两教持咒方法不同的地方。

问题

一　戒、定、慧三学的内容？

二　性戒、遮戒怎样分别？

三　定学如何预备，如何实行？

四　小乘禅和大乘禅怎样分别？

五　禅宗南北两派何时所分？

六　坐禅、参禅的分别？

七　定心念佛、别时念佛的分别？

八　持名的方法如何？

九　观想法有几种？

十　十六观分几个段落？

十一　"咒"字是如何意义？

十二　显密两教持咒如何不同？

第十一章　结论

全书的旨趣　这部书已经完成，应该拿全书的旨趣做一篇结论。这书第一章，是佛学的界说。第二章说佛教的来源。第三章到第六章，说佛教成立的背景，和释迦生前生后佛教内部外部的变迁盛衰，都是关于印度方面的史实。第七章、第八章，是说佛教传入中国方面的史实。第九章是说研究佛教的方法。第十章是说佛家实地修行的方法。佛教最大目的，是教人修行，超脱生死苦痛。无论研究历史，研究教理，都是为修行的预备，所以拿这章列在最后，就是全部的归结。

问题
试就第一章至第十章说明其旨趣。

佛教概论

目　录

叙文⋯⋯⋯⋯⋯⋯⋯⋯⋯⋯⋯⋯⋯⋯⋯⋯⋯⋯⋯⋯ 141

例言⋯⋯⋯⋯⋯⋯⋯⋯⋯⋯⋯⋯⋯⋯⋯⋯⋯⋯⋯⋯ 143

第一编　绪论⋯⋯⋯⋯⋯⋯⋯⋯⋯⋯⋯⋯⋯⋯⋯⋯⋯ 145

　第一章　佛教以前印度之思想界 ⋯⋯⋯⋯⋯⋯⋯ 147

　　印度之古宗教　四吠陀圣典　优波尼沙士哲学　六大

　　学派　四姓之阶级　婆罗门教之末流　宗教之革新

　第二章　原始佛教 ⋯⋯⋯⋯⋯⋯⋯⋯⋯⋯⋯⋯⋯ 152

　　释迦之降生及出家　正觉之内容　释迦之说法及入涅

　　槃　佛教在印度之兴衰　佛教之传播

　第三章　佛教之经典 ⋯⋯⋯⋯⋯⋯⋯⋯⋯⋯⋯⋯ 155

　　结集遗教　第一次结集　第二次结集　第三次结集

　　第四次结集　初期之佛典　巴利语佛典　梵语佛典

　　藏文佛典　蒙古语藏经　汉译经典　译经之初期　译

　　经之第二时期　译经之第三时期　旧译新译之不同

宋代始雕大藏经　契丹之藏经　高丽之藏经　明之南

北藏　清之龙藏　日本之藏经

第四章　佛教之分派 …………………………………… 163

大小二乘　有空二论　显密二教　教禅二宗

第二编　本论 ……………………………………………… 171

第一章　教理论 ……………………………………………… 173

考察宇宙之二方面　宇宙论之归结　佛教之宇宙

论　缘起论与实相论

第一节　缘起论 ……………………………………… 174

佛教之因果律　泛神论之结果

（一）业感缘起论

业力之所感召　惑业苦　断尽惑业证得涅槃

（二）赖耶缘起论

妙有论之二种倾向　阿赖耶识为宇宙万有之根元

赖耶缘起之创设者　种子与现行

（三）真如缘起论

真如为宇宙万有之第一原因　一心二门　无明之生

起　真如门与生灭门之关系　染熏与净熏

（四）法界缘起论

真如缘起与法界缘起　能缘起与所缘起　一即一切，

一切即一　宇宙为缘起之一大系统　圣凡之别

（五）六大缘起论

法界缘起与六大缘起　人格的宇宙论　六大无碍常

瑜伽　即身成佛　六大即物心二元

第二节　实相论 ……………………………………… 184

佛教之实相论分三种

一、消极的实在论

甲、普通消极说

不能写象

乙、特殊消极说

空寂说　凝然不作

二、积极的实在论

普通的写象　关系的写象　内存的写象

三、理想的实在论

因的实在与果的实在　理想实在之消极积极说

第二章　解脱论 ……………………………………… 189

佛教之解脱论　佛教之解脱与他宗教之不同

第一节　解脱之实质 ………………………………… 190

解脱之实质分两种

一、解脱之出发点

大小共通之出发点　积极主义与消极主义

二、解脱之到着点

与实在一致之观念　绝对的一元的解脱

第二节　解脱之形式 ………………………………… 192

形式方法之不同一　自力他力二门

一、自力论

开发的解脱方式　时间的解脱方式

二、他力论

归入的解脱方式　空间的解脱方式

第三编　各论 ……………………………………………… 195

第一章　绪言 ……………………………………………… 197

我国之十宗　佛教分显密二大部

第二章　俱舍宗 …………………………………………… 199

第一节　宗义 …………………………………………… 199

俱舍宗之由来　俱舍宗之盛行

第二节　七十五法 ……………………………………… 200

有为法与无为法　色法　心法　心所法　不相应行
法　择灭无为　非择灭无为　虚空无为

第三节　四谛 …………………………………………… 203

四谛之名称及意义　《俱舍论》之本旨

第四节　十二因缘 ……………………………………… 204

十二因缘之名称及意义　十二因缘不出因果二种
十二因缘与四谛之关系

第五节　涅槃 …………………………………………… 206

涅槃之境界　小乘二种涅槃

第六节　三乘之因果位 ………………………………… 207

声闻、缘觉、菩萨之因位果位　七方便　四果　见
思二惑

第三章　成实宗 …………………………………………… 210

第一节　宗义 …………………………………………… 210

成实宗之由来　世界门及第一义门　成实论之内容

第二节　断二障 …………………………………………… 211

烦恼障、所知障　人空观、法空观

第三节　圣贤位阶 ………………………………………… 211

二十七位　阿那含十一位　有学位与无学位　罗汉

九位　见惑易断　思惑难断

第四节　八十四法 ………………………………………… 215

八十四法与《俱舍论》有出入

第四章　三论宗 …………………………………………… 216

第一节　宗义 ……………………………………………… 216

性相二宗　《百论》《中论》《十二门论》　三论宗

之由来　四论宗

第二节　二藏及三法轮 …………………………………… 217

声闻藏、菩萨藏　根本法轮　枝末法轮　摄末归本

法轮

第三节　破邪显正 ………………………………………… 217

本宗立论之大纲　破邪有四　显正之本意

第四节　二谛及八不中道 ………………………………… 218

真谛、俗谛　不生不灭　不来不去　不一不异　不

断不常

第五节　行位 ……………………………………………… 219

成佛之真俗二门　众生成佛迟速视根性利钝　五十

二修行位

第五章　法相宗 …………………………………………… 220

第一节　宗义 ……………………………………………… 220

法相宗所依之经论　法相宗之由来　法相宗之盛行

第二节　三时判教 …………………………………… 221

第一时有教　第二时空教　第三时中道教

第三节　五位百法 …………………………………… 222

五位名义　合成百法　心王　心所　色法　不相应

行法　无为法

第四节　种子及现行 ………………………………… 227

阿赖耶识含藏种子　有漏无漏　本有与新熏　种现

相生

第五节　四分及三境 ………………………………… 228

相分　见分　自证分　证自证分　性境　独影境

带质境

第六节　三性及三无性 ……………………………… 229

遍计所执性　依他起性　圆成实性　百法分配三性

相无性　生无性　胜义无性

第七节　五重唯识观 ………………………………… 231

遣虚存实识　舍滥留纯识　摄末归本识　隐劣显胜

识　遣相证性识　相唯识与性唯识　转识成智

第八节　四智 ………………………………………… 233

成所作智　妙观察智　平等性智　大圆镜智

第六章　天台宗 ……………………………………… 234

第一节　宗义 ………………………………………… 234

天台宗之由来　天台宗之大成

第二节　五时八教 …………………………………… 235

华严时　阿含时　方等时　般若时　法华涅槃时

顿教　渐教　秘密教　不定教　藏教　通教　别

教　圆教　法华高出八教

第三节　教相及观心 ……………………………… 238

教相、观心二门　佛法根本思想全在自己之心

第四节　十界十如 ……………………………… 239

六凡　四圣　一界具余九界　吾人心识亦具余九

界　十如是　百界千如

第五节　一念三千 ……………………………… 241

一念三千之法数　依正二报之构成　理具与事造

第六节　三谛圆融 ……………………………… 242

空假中三谛　三谛圆融无碍自在

第七节　三惑 ……………………………………… 243

见思惑　尘沙惑　无明惑

第八节　一心三观 ……………………………… 244

空观、假观、中观　一切智　道种智　一切种智

法身德　般若德　解脱德

第七章　华严宗 ……………………………………… 245

第一节　宗义 ……………………………………… 245

《华严经》之由来　华严宗之要义　六十华严　八十

华严

第二节　三时五教 ……………………………… 246

先照时　转照时　还照时　小教　始教　终教　顿

教　圆教

第三节　十宗 ·· 248

小乘六宗　大乘四宗

第四节　四法界 ······································ 250

一真法界　事法界　理法界　理事无碍法界　事事
无碍法界

第五节　十玄缘起 ·································· 251

同时具足相应门　一多相容不同门　诸法相即自在
门　因陀罗网境界门　微细相容安立门　秘密隐显
俱成门　诸藏纯杂具德门　十世隔法异成门　唯心
回转善成门　托事显法生解门

第六节　六相圆融 ·································· 254

六相之由来　总相　别相　同相　异相　成相　坏
相　圆融门与行布门

第七节　法界观 ···································· 256

法界观所依之体　法界观唯依后三界　真空观　理
事无碍观　周遍含容观

第八章　律宗 ·· 259

第一节　宗义 ·· 259

戒为佛教之法典　南山宗　宝华山重兴此宗

第二节　分部 ·· 259

根本律藏　分部之由来　四律五论

第三节　《四分律》所以独盛之故 ·············· 260

律之传入中国　《四分律》之应机

第四节　止持及作持 ······························ 261

止作二门　比丘二百五十戒　五篇之区分　六聚及
七聚　比丘尼三百四十八戒　二十犍度

第五节　通戒及别戒 ……………………………… 264
通戒有三　别戒无量

第六节　四位五类及七众 ………………………… 265
五戒　八斋戒　十戒　六法　四位　五类　出家五
众、在家二众

第七节　四科 ……………………………………… 266
戒法　戒体　戒行　戒相

第八节　五义及二教 ……………………………… 267
《四分律》通大乘有五义　化制二教

第九章　禅宗 ……………………………………… 269
第一节　教外别传 ………………………………… 269
教与禅之分　所以名教外别传　禅宗即最上乘禅

第二节　源流 ……………………………………… 270
正法眼藏　禅宗之成立　北渐南顿

第三节　禅法 ……………………………………… 271
调身、调心二法　坐禅与参禅

第四节　悟道境界 ………………………………… 271
所谓悟道境界　禅法通于各宗　本来面目

第十章　净土宗 …………………………………… 273
第一节　宗义 ……………………………………… 273
难行门、易行门　三经一论　慧远始创念佛法门

第二节　弥陀行愿 ………………………………… 274

阿弥陀佛之名义　四十八愿

第三节　净土 ……………………………………… 275

净土之意义　四种净土

第四节　信愿行 …………………………………… 276

信愿行三者不可缺一　次信明愿　修行以持名为最
方便

第五节　念佛法门 ………………………………… 278

觉性念　观相念　持名念　和缓念　追顶念　禅定
念　参究念

第十一章　密教　真言宗 ………………………… 280

第一节　宗义 ……………………………………… 280

真言宗特重事相　真言宗之得名　中国有真言宗之
始　真言宗独盛于日本　西藏之密教　东密与藏密

第二节　两部曼荼罗 ……………………………… 281

金刚界与胎藏界　金胎二界之意义　即身成佛

第三节　四种曼荼罗 ……………………………… 282

大曼荼罗　三昧耶曼荼罗　法曼荼罗　羯磨曼荼
罗　四曼之广说　四曼不离

第四节　六大五智五佛 …………………………… 283

六大为宇宙之根本　色心分属金胎两界　识大分为
五智　五智分配五佛

第五节　三密加持 ………………………………… 285

身密　语密　意密　加持之意义

第六节　三种成佛 ………………………………… 285

理具成佛　加持成佛　显得成佛

第七节　二教十住心 ······················· 286

横判教　竖判教　异生羝羊心　愚童持斋心　婴童

无畏心　唯蕴无我心　拔业因种心　他缘大乘心

觉心不生心　一道无为心　极无自性心　秘密庄

严心

第十二章　结论 ························· 289

各宗不外空有二门　佛教一贯之原理

叙　文

宗教中理论之高，经典之富者，殆莫过于佛经。而下手研究之困难，亦莫过于佛经。余于三十余年前，已从事于此。当时偶得一经一论，辄自首至尾细读之，苦难索解；再读之，仍不解，则三读四读而不肯已。如是徘徊户外者几十余年。民元以后至北平，获交善知识不少。或执经问难，或请为演讲，始厘然有会于心。厥后凡遇法师讲筵，无不参与；大小乘性相各宗，均有相当之认识。虽事务极繁之时，亦一面研究，一面修持，未尝间断，如是者又十余年。回思昔时研究之经过，正不啻积三月粮，赴千里之程，其艰难可知也。研究佛典之所以难，固由教理高深，经籍繁多；然其大原因，则以向无综括佛教全体为系统记述之概论，徒使学者从无涯之大海，欲寻其源，亦何怪其望洋兴叹也。余念及海内学子，如余之同感困难者，必不在少数，故不揣固陋，屡试为入门之书，以公诸世。如曩者所著之《佛学大要》《佛教浅测》，久已刊行。然尚病其太简，不足以餍读者。复拟为详略得中之书，怀之有年，未能著笔，盖不敢率尔从事也。既而思之，与其迁延日久，终不成书，不如出书之后，发现不妥之处，再事修改。故乘学校教学相长之便，促成此编。编中次序，先述佛教之历史，次佛教之内容，次我国佛教之各宗，凡研究佛教必具之常识，罔不应有尽有。读者苟玩索一过，则于佛教之全体，思过半矣。书将付梓，略志其因缘如此。

民国十九年二月蒋维乔

例　言

　　一、本书分为三编：第一编绪论，述佛教以前印度之思想，及佛教之由来，佛教之经典，佛教之分派等。第二编为本论，分教理、解脱两大部：教理则详缘起与实相；解脱则详实质与形式。第三编为各论，详述我国小乘二宗、大乘八宗之宗义，及修行方法。

　　一、著者因大藏浩如烟海，学人苦无从问津；久拟编撰此书，以便初学。己巳岁，应光华大学之请，以佛教列入哲学系学程；藉教学因缘，本书遂得告成。

　　一、研究佛教之困难，一在名相之繁多，二在教理之幽深。本书于难解之名相，多加浅释；深玄之教理，属于专门者可略则略之，属于普通者，亦以现代浅显文词为之记述。务使学者易于领会，其中去取斟酌，颇费匠心。

　　一、名相、教理及故实之非数语可以说明者，每编之末，复加以附注。于本文下，加"注一""注二"等数字，以便检查。

　　一、此类之书，在日本出版者，无虑十数种。著者多半涉猎，然或详或略，或体例特别，均未必适合国人之用。本书为适应读者程度起见，于体例及材料详略，几经改定，始成此书。虽不敢谓完善，然惨淡经营，既竭吾力，读者谅之。

一、本书疏漏及舛误之处，当不能免。深望海内同志，随时见教，俾得改正。

第一编　绪论

第一章　佛教以前印度之思想界

距今约四千余年前，印度最古之民族，所印度之古宗教谓雅利安人种者，自中亚、西亚移住西北印度。此后更沿雪山之麓，入居恒河之上流。地当温带，时序清和，物产丰富。此族人逍遥和乐，感谢天然之恩宠，于是对茫漠之天空，生虔诚崇拜之信念。此世界史上最古之《梨俱吠陀》之赞歌，所由作也。彼视天空之光明为神格，从日月星辰电光等各方面崇拜之。其崇拜之目的，实为自己生存之欲望所驱使，故有除灾求福等事，而供物赞歌等仪式，因之而起。仪式既繁，非人人所能娴，乃有为之司祭者，僧侣阶级，由是产生，遂成后世之婆罗门种。

吠陀，华言智论；婆罗门，华言净行。婆四吠陀圣典罗门所传祭祀赞歌之书有四种：（一）《梨俱吠陀》（Rig-Veda）（旧译《阿由》），录宗教赞歌。（二）《夜柔吠陀》（Yajur-Veda）（旧译《夜殊》），记用牺牲之仪式歌词，及仪式之解释。（三）《沙磨吠陀》（Sāma-Veda）（旧译《娑磨》），录关于祭祀仪式之颂文。（四）《阿闼婆吠陀》（Atharva-Veda）（旧译《阿达婆》），集录咒术文。合此四者，称《四吠陀圣典》，实为印度古代思想之渊泉。

吠陀季世，雅利安民族次第南下，奄有五印度。因风土之转移，思想上亦发生变化，对于宇宙，渐脱离神话之范围，而欲探索其大原。于是有根据吠陀经典，而用系统的阐发之者，即以（梵）为一切万有之本，神秘幽玄之优波尼沙士（Upanisad）哲学是也。又有出乎吠陀思想以外，主张个人的自由考察成为自然哲学派者，所谓地论、服水论、火论、风仙论等，就宇宙之具体物质，为之说明。更进而为抽象的说明，所谓时论、方论、虚空论等，相继以起。

优波尼沙士哲学

各种之思潮，或合流，或冲突，一方主张个人的自由探索，一方继承吠陀的思想，派别遂各不同，印度思想界，乃入于浑沌时代。

六大学派

各派中之重要者，通称六派：有以吠陀教义之正统派自居，于优波尼沙士梵论之上，更以（梵）为非物而为力的精神的表现；世界自（梵）而生差别，离此差别，仍归入平等之根元，则为解脱，是为吠檀多派。

又有继承吠陀之正统，根于尊重教权之思想，主张仪式之解释及保存者，是为弥曼萨学派，即声常住论也。

反驳此声常住论，而说声是无常者，为尼夜耶学派，即因明论也。

更有反对有神论，继承自然哲学派的理想，唱多元的唯物论者，以实、德、业[注一]、大有性、同异性、和合性之六句义，说明宇宙开发之理，即卫世师，所谓胜论派也。复有调和有神的与唯物的思想而构成学说者，即僧佉耶，所谓数论派也。此派就宇宙之根元，立精神原理之神我与物质原理之自性。自此二元结合，而生大、我、五唯、五大、五知根、五作根、心根等二十三谛[注二]，为宇宙开发之顺序，是明明二元论也。

五派之外，再加瑜伽派，为古来六大哲学派。瑜伽译为相应，即由静思冥想，以我与神相应冥合为目的也。

以上六大派之兴起及成立年代，学说纷歧，实难断定，然通常则称为佛教以前之思想。

更就佛出世前印度社会之现状考之，则因人种、政治、职业上之关系，自然而生四姓之别，遂成社会之阶级制。其中婆罗门族，为司

四姓之阶级

祭祀之僧侣，占四姓中最高位置；刹帝利族执掌政权，居第二位；普通人民称吠舍族，居第三位；被雅利安征服之印度土人，称首陀罗族，从事贱业，居第四位。四姓之阶级既定，其间自当有法规以维持之。彼土视婆罗门族为神圣，于是政教混合之《摩奴法典》从此制定。有此法典，婆罗门教于以完成。其教理盖依据吠檀多之思想，而以保持四姓阶级为唯一之目的也。

婆罗门教之末流

释迦降生前百余年间，即西历纪元前五六世纪时代，婆罗门教之隆盛达乎极点。僧侣专横，印度之宗教道德，全流于外形仪式；兼以阶级制度之不平，人民不能自由，遂萌厌世的思想。

因此之故，一方面牺牲苦行等之迷信流行；他方面起怀疑的思潮，而否定宗教，否定因果，否定道德，鼓吹厌世主义、物质主义、感觉主义、快乐主义等之反动思想，杂然并起。如彼时续命论派及顺世论派[注三]，盖最著也。

同时又有高尚人物，睹时世之日非，于婆罗门教权以外，营遁世的清净生活者。此风尚渐渐得势，净行者互相团结，遂成一教派之团体。释迦先辈耆那教之开祖若提子[注四]，及释迦

出家时乞教之跋伽婆、阿罗罗迦蓝、郁陀罗皆
是等教团之著名首领。是时思想混乱，遂启宗　　宗教之革新
教革新之机运。有大伟人乘时而出，整理混乱
之思想，归于统一，此即佛教之所由兴也。

第二章　原始佛教

释迦之降生及出家

释迦（译言能仁）牟尼（译言寂默），约在西历纪元前五百十年时，降生于中印度迦比罗国。父为净饭王，母摩耶夫人，即刹帝利之族人也。

释迦姓乔答摩（地最胜），名悉达多（成就），天资颖悟，兼通文武，悟人间生老病死之无常，于十九岁时，舍其尊荣而出家。

出家之后，历访当时之有名宗教家，如跋伽婆、阿罗罗迦蓝、郁陀罗，皆躬往请教，以求解答人生问题。然终不得圆满之说明，颇为失望。于是至东北尼连禅河畔，苦行六年，日食一麻一麦，形衰骨立，仍无所得，翻然悟苦行之徒劳。更至佛陀伽耶毕波罗树下（后世称菩提树）金刚座，起大决心："我今若不证无上大菩提，宁可碎是身，终不起此座。"静坐冥思，于中夜睹明星，豁然大悟，而成无上正觉。

正觉之内容

此正觉之内容，即对于人生问题，而有充

满之解答。其所答者，即下列二事：

一、老病死及人生一切之不自在，由何而来？

答曰：由烦恼，即迷于真实之无明。

二、如何而得解脱人生之不自在乎？

答曰：由正见、正道断除烦恼。

此即原始佛教之根本义，所谓四谛、十二因缘、八正道[注五]之概括也。释迦证此正觉已，视有情众生皆一体平等，而抱救济之宏愿，自然打破四姓之阶级；又以严肃之道德律，节制欲望，以求解脱，一扫当时物质主义、快乐主义之弊害。此佛教之所以成为理智的伟大宗教也。

释迦在世说法四十九年，感化多数之人民，其势力远驾婆罗门教之上。然释迦实一慈悲智慧说法不倦之老比丘，应机指导，未尝自组教义，亦未尝对其他教派有所攻击，对于弟子极其亲切；又其生活，至为质素，戒行严肃；以平民的圆满人格，留模范于人间；度世八十岁，入于涅槃（西历纪元前四百八十六年）。

释迦之说法及入涅槃

释迦灭后，遗教益弘：外有阿育王（纪元前二百六十四年即位）及迦腻色迦王（西历第二世纪）相继提倡；内有马鸣（西历第一世纪）、

佛教在印度之兴衰

龙树（西历第二世纪）诸大士，及无著、世亲（西历第四世纪）诸高僧，接踵而起。佛教势力，遂普及全印度。迨西历第八世纪，印度大陆有商羯罗出世，鼓吹复古思想，重振婆罗门教，排斥佛教。至第十二世纪时，回教徒侵入印度，更受打击。佛教在印度中原，几至绝迹。

佛教之传播 佛教虽绝迹于印度，然向南北两方之进展，则又呈特别发达之现象。南进则传播于锡兰、缅甸、爪哇、暹罗、安南等国，称为南方佛教。北进则传于西域诸国，以至中国、朝鲜、日本，称为北方佛教。佛教传播之时间，既有数千年之久，所及南北各地，又如此之广，于是于适应时代、国土、民俗等，而有种种变化；教义之组织及内容，亦益见丰富。据近今学者所统计，南北两方崇奉佛教之人民，约有五亿；若全世界人口以十五亿计算，则佛教徒占世界人口三分之一，为各宗教所不及，可见其感化力之广大也。

第三章　佛教之经典

释迦灭后，大迦叶代佛总率大众，以为结集遗教，乃第一重要事项。与众比丘计议，欲会众人，诵出佛语而制定之。是时摩揭陀国阿阇世王大为赞助。于是在其首都王舍城南毕波罗窟内，选学德并高之比丘五百人，以大迦叶为上首，阿难诵出经藏，优波离诵出律藏，是为第一次之结集。

约一百年后，有毗舍离之七百比丘结集，是为第二次结集。此结集仅为戒律上十条[注六]异说之纠正，与其他结集性质全异。

更一百余年，当阿育王时，王极尊崇佛教，因佛教徒与婆罗门教徒往往纷诤，乃欲重行结集佛典，以救其弊。集合一千学德兼备之比丘，推目犍连帝须为上座，在华氏城为第三次之结集。自此经律论三藏咸备。

更三百余年，印度西北方有迦腻色迦王出，其尽力于佛教，与阿育王相同。在迦湿弥罗都

结集遗教

第一次结集

第二次结集

第三次结集

城，招集五百阿罗汉、五百菩萨，及五百在家学者，推胁尊者及世友为上首，使结集佛语，

第四次结集 是为第四次结集。佛典经四次结集后，包容丰富，部帙浩繁，后代复有增益，故今日所传藏经，或五千卷，或七千卷，或八千卷，全世界宗教中，其经典之多，殆无出其右也。

初期之佛典 佛典初期结集，其仪式为会诵，初不用笔录，即集合数百人于一堂，共勘佛说而合诵之，以广流布。盖当时习俗，有以笔写为亵渎神圣者，故仅用口授；或者亦因缺乏纪录之工具而然。如我国古代纸笔未备，两汉经师，皆用口授，情形正同。迨阿育王及迦腻色迦王先后结集，乃有纪录。纪录所用之语，有巴利语、梵语之二大别：

巴利语佛典 巴利语之佛典，行于南方。当阿育王时，王子摩哂陀，至锡兰布教，大得国王之信仰，舍眉伽园为精舍，以居僧众，其后遂成大寺。摩哂陀传入锡兰之经典，即经过第三次结集，而用印度普通方言者，后世名为巴利语。纪元第一世纪，锡兰无畏波陀伽摩尼王即位，信佛更笃，建无畏山寺以供僧。后与大寺分派，互执异说。王即招集大德比丘五百人，就口传之巴利语三藏，详为勘正，载之简册，是为巴利

语佛典见诸书写之始。其注疏则仍用锡兰土语纪录之。书写依印俗，用贝多罗树叶，两面以针刺文字，染以墨，可历久不脱。至纪元五世纪之初，中印度人佛音至锡兰，复将三藏之注疏辑成巴利语，于是巴利语佛典乃告完成。晚近学者目佛音为锡兰佛教第二教祖，其尊崇可想见也。

印度贵族，本有一种流行之雅语，所谓合乎吠陀韵律之学问语。佛在世说教时，对四种阶级平等施教，故不采用雅语。但佛灭后百年顷，有文法学家波尔尼，将雅语详为厘订，便于通行。佛教徒亦采用之，以记录佛典。此梵语佛典，与巴利语佛典，孰先孰后，无可考证；但其流布区域，显然不同，即梵语佛典大部分向北流传，由北印度而西域、西藏至汉地，成为北方系统之佛教。 **梵语佛典**

梵语佛典，大概至迦腻色迦王时，始稍完备。相传当时勘定三藏，凡无传本者，皆为写本；已见本者，皆为校勘。梵文写本，于是大备。我国初由西域传来佛典，即有梵本；尼泊尔一带，传本更多。但其全体结构，不若巴利语三藏之完备，故无可考。

纪元七世纪顷，藏王双赞思甘普在位，极 **藏文佛典**

信佛教。遣大臣端美三菩提往印度求之，留学南天竺七年，赍多数经卷回国。根据梵语造西藏文字，翻译经典，是为北方佛教中西藏佛典之权舆。

尔后佛教盛行，定为国教。印度高僧，入藏宏教，亦从事翻译。更有从中国已译之汉文经典翻成藏文者。现今西藏佛典分为二部：一曰《甘殊尔》，意云佛说，编集一切经律，有百八大册；一曰《丹殊尔》，意云理论，辑论释杂著，有二百二十五册。

蒙古语藏经　　此西藏经教，流行于中亚细亚。至纪元十三纪顷，元世祖忽必烈侵入西藏，采用喇嘛教，以发思巴为国师，受命制蒙古新字，从西藏佛典译成《蒙古语大藏经》。

汉译经典　　我国自汉明帝永平十年（纪元六七年），迦叶摩腾、竺法兰二僧来自印度，于洛阳白马寺初译《四十二章经》及《十地断结经》，尔后历代，皆以翻译佛经为事。迨汉末（纪元二世纪中叶）之支娄迦谶自月支国来，译《般舟三昧经》等二十余部；安世高自安息国来，译经九十余部。三国时（三世纪中叶）之康僧会，西晋（三世纪末叶）之竺法护等，皆从事译经传道，**译经之初期**是为译经之初期。苻秦时译经益盛，僧伽跋澄、僧伽提婆、昙摩难提等，多译出小乘诸经论。晋怀帝时（四世纪之初），西域佛图澄来洛阳，其门下如道安、法和皆深通梵语，助之传译。姚秦时（五世纪之初），有鸠摩罗什，来自龟兹国，设译场于长安，广译大乘般若诸经论及《法华经》。同时北凉昙无谶译《大般涅槃经》，开大乘教隆盛之机运。晋孝武帝时（四世纪末叶），慧远在庐山，始倡净土念佛。佛陀跋陀罗亦至建康，译出《六十华严经》。是为译经之第二时期。

译经之第二时期

六朝（五世纪中叶）译事益盛，宋有求那跋陀罗，梁有菩提留支，陈有真谛三藏，译出经论传记，有六十四部，是为译经之第三时期。第一二期经典，原本大都自西域传来，或口传，或写本，皆属胡语（西域语言），实为重译；即偶有梵本，亦多经西域人改窜。至于译文，或直译，或意译，均为捍格。至第三期，原本多从印度传来，译法亦稍稍完备。迨唐贞观中（七世纪中叶），玄奘三藏亲往印度，经历百有十国，留学十七年，归国之后，一洗从前华梵捍格之弊，改正译例，译成经论七十六部，千三百四十七卷，开译经史上之新纪元。于是称前三期之经文为旧译，玄奘以后之经文为新译。

译经之第三时期

旧译新译之不同

玄奘纪行之书，有著名之《大唐西域记》十四卷。此外有义净三藏（七世纪之末）游历印度二十五年，著有《南海寄归内法传》四卷。开元时（八世纪中叶），有西天竺之善无畏，赍真言密教来中国；后又有南天竺之金刚智、不空师弟二人来，译密教经典。宋太祖（十世纪中叶）曾遣沙门三百人，往印度求舍利及梵本。此后自印度及西域来中国之僧侣及从中国至印度求法之人日益繁多，往来交通益便，译经事业益盛。宋太祖欲追随盛唐，宏扬佛法，于开宝四年，敕张从信往益州，雕刻大藏经。至太宗太平兴国八年（十世纪之末），凡历十三年而版成，是为蜀板藏经。蜀本既成，印刻藏经之事业陆续继起，契丹遂亦刊印官版藏经。约在蜀板后五十年兴宗之世（西纪一〇三一——一〇五四），及道宗时板成，送本于高丽。高丽两次雕刻藏经，第一次在显宗至文宗时（西纪一〇二〇——一〇七〇），依据蜀本，经历四朝，费时六十年而成，凡五百七十函，五千九百二十四卷，即于宋板以外，加入《贞元录》新收各种也。后遭蒙古兵燹，竟毁其板。至高宗二十三年（西纪一二三六年），倾国家之力，重事雕刊。是时《高丽藏》有旧宋本、契丹新本及初

宋代始雕大藏经

契丹之藏经

高丽之藏经

雕国本，悉取以严密校勘，阅十五年而成一最精之本，即今所传有名之《丽藏》也。其内容有六百三十九函，六千五百五十七卷。元代亦依据宋板，印行藏经。元末天下大乱，悉遭散失。明太祖洪武五年（西纪一三七二），集大德于蒋山，点校藏经，刻《南藏》板；然校勘不精，时有脱误。成祖永乐十八年（西纪一四二〇），于北平重刻《北藏》，英宗正统五年（西纪一四四〇）始成，共六百三十六函，六千三百六十一卷。虽稍正《南藏》之失，然仍未为善本也。清世宗雍正十三年（西纪一七三五），以《北藏》为底本，复加新籍，刊刻《龙藏》，至高宗乾隆三年（西纪一七三八）告成，共七百三十五函，七千八百三十八卷。

明之南北藏

清之龙藏

　　梁代末年，佛法东行日本。唐宋时，日僧留学于我国，多赍经卷而归。至宽永十四年（西纪一六三七），僧正天海，赖德川之外护，完成活字本板大藏经，所谓《天海本》是也。至明治时代（西纪一八八〇——一八八五），有弘教书院刊行之《缩刷藏经》，用《丽藏》为底稿，以宋元明三本，校对异同，并加句读，共四十帙，八千五百三十四卷。校刊之精，最便学者。后又有藏经书院，重刊之卐字《正续藏

日本之藏经

经》，其《续藏经》中，多有我国自唐以来久佚之本，至可宝贵。最近又有《大正一切经》之刊行，于编制校勘，均多革新之处。总计五十五函，二千二百三十六部，九千零六卷。

第四章　佛教之分派

佛在世时，就各人根器之利钝，对机说法。大小二乘听众虽同闻一教义，而见解各有浅深大小之不同，后世遂有大乘、小乘之区别。乘者，运载之义。佛之教法，乃解决人间之生死问题，所谓运载众生，度过生死海，而达于涅槃之彼岸者，故名为乘。

大即大机。其智优，能了解无量法门；其志强，能堪无量劫之修习：所谓菩萨种性是。小即小机。其智劣，不能悟高尚之法门；其志弱，不堪长时之修行：所谓声闻、缘觉种性是。佛对大机所说之法为大乘，对小机所说之法为小乘。今大乘经典名菩萨藏，小乘经典名声闻藏，亦此意也。大乘，梵语即摩诃衍。当初，此语原非对小乘而言，其意专指高深之教理，广度众生之真实法门。故小乘经典中，亦时见大乘之名。至于判别大小乘，含有褒贬之意义，盖为马鸣、龙树提倡大乘教以后之学风也。兹将大小乘不同之意义，示之于下：

一、小乘心量较狭，急于脱生死之苦，只知自度，不遑度他；大乘则心量广，必达到自利利他圆满之理想，且特以利他为主。

二、小乘之解脱，为消极的：离现在之苦，证入空寂，以静的涅槃为终局之目的；大乘之解脱，为积极的：了知烦恼本空，而具常乐我净之胜德，以活动的佛陀为终局的理想。

三、小乘偏于多苦的人生观；大乘则从多苦观入手，而出于解脱自在之人生观。

四、小乘对于万有之差别，局于生灭之现象论，其解释只有七十五法[注七]；大乘则于差别现象以外，说不生不灭平等之真如，达于本体论，其解释万有有百法。

以上为大小乘区别之概要：其一，为宗教并伦理的区别；其二，为宗教证果之区别；其三，为人生观上之区别；其四，为世界观上之区别。

有空二论

小乘佛教，在毗舍离第二次结集时，即有

上座、大众二部之争。上座部为保守的正统派，大众部为进取的自由派。两派各自发表其思想，著述极富，及其末乃分裂为十八部。[注八] 此两派，教理上虽有种种差异，然大别之，则保守派主张有论，进取派则主张空论。其发达之结果，有部则有《俱舍论》，空部则有《成实论》。不但小乘为然，即大乘佛教，在印度流传，其归结亦不出有空两派。马鸣、龙树之著述，属于空论；无著、世亲之著述，属于有论。大小二乘传入中国之后，向各方面发展，多独立成派；然其归结，仍不出有空二论。小乘佛教行于印度，而传至中国，则未见大盛；大乘佛教恰相反，创于印度，而势力不及小乘，及入中国，则教理教相，独臻完备，势力竟至凌驾道儒二家之上。故大乘在中国有空二派之争，亦远过于小乘。

自纪元一世纪之顷，佛教始入中国。至五世纪之初罗什止，当印度马鸣以后，至世亲之时代，其传来者多是小乘教。二世纪中叶，安世高时，始译大乘经，尚未成立教义。及五世纪之初，鸠摩罗什译《三论》，空部大乘始成。是时佛陀跋陀罗赍来唯识及华严派之有部，因与罗什意见不合，为罗什之徒所排斥。庐山慧远创白莲社，有坐禅的念佛，念佛法门，乃属有部；佛陀跋陀罗既摈于罗什，遂去至庐山，后译《六十华严》，提倡有部大乘。此在中国有空二论之开始也。

罗什稍后，昙无谶创涅槃宗，此宗后并入天台宗，其教系属空部。六世纪之初，菩提流支创地论宗，后并入华严宗，其教系属有部。菩提达摩创不立文字之禅宗，其教系正属空部。六世纪中叶，真谛三藏创摄论及俱舍宗，摄论后并入法相，俱舍为其附宗，均属于有部。六世纪末叶，智颛创天台宗，立空假中之三谛说，于有空二部之外，成立自宗，为融和空有之中道教。然其教系，乃从《三论》蜕化而来，犹属空部之范围。七世纪之初，吉藏重兴三论宗，大乘空部发达至乎其极。玄奘翻译有部经典，成立法相宗。其弟子窥基，复修饰印度护法、戒贤之说，乃大乘有部中之极端论也。同世纪之末，贤首开创华严宗。先是贤首至玄奘之译经处，与之讨论，意见不合而去，遂自立宗；于同一有部之中，反对法相家之说，而以圆教为极则，亦即唱中道者也。然其教系，实不出有部之范围。八世纪之初，善无畏、金刚智、不空传密教入中国，以身口意三密相应，组织教义，亦属有部之系统。要之，小乘之有空，俱舍、成实二宗为其代表。大乘之有空，法相与三论各趋极端。天台从空进中，华严、密教从有进中。禅与念佛，其解脱之方式上，完全对立；其立脚地，禅从三论之空，念佛从华严之有也。

佛教又有显密二教之区别。相传显教是应 **显密二教** 身佛释迦所说，因众生机有高下，根有贤愚，随宜立说，是方便的议论；密教则为法身佛大日如来所说，以秘奥之真言，直写自己的内证，是真实的教法。然显教之经典中，亦多有真言（咒），是显中之密；密教之真言外，亦有经文，是密中之显。且显教之观念禅定，与密教之持咒观相，其实质上似亦无大异。不过就主要部分言，显教者倾向显露之言说界，密教者倾向秘密之直观界而已。

佛教上又有教禅二宗之名称，即不论大乘 **教禅二宗** 小乘、显教密教，凡用经论之文义以立教者，属教宗；不用言说文字，以心传心，所谓不立文字，教外别传，直指人心，见性成佛者，属禅宗。然禅定者，乃各教通用之法门，决非禅宗之专有物。又禅宗虽主张不立文字，然达摩以《楞伽经》付心印，并未尽除文字。况今日禅家之参究，亦仍用文字禅乎！要之，教者，先令人由文字以明其理，然后再求之于禅定；禅者，令人离开文字，直入禅定，乃下手方法之不同而已。

[注一]胜论派考察此世界如何构成，及其相互之关系如何，为分析的说明如下：

实　宇宙之本质，有地、水、火、风、空、时、方、我、意之九种。

德　本质所具之性质，有色、香、味、触、数、量、别性、合性、离性、彼性、此性、觉、乐、苦、欲、瞋、勤勇、重性、液性、润、行、法、非法、声之二十四种。（法、非法，犹言正、不正也。）

业　本质之作用，有取、舍、屈、伸、行之五种。

大有性　大有唯一，言实、德、业之存在，同依此一大有也。

同异性　万有各具特质，而生差别，如地与地为同义，地与水为异义。

和合性　谓能令实等相合而不离也。

前三言宇宙之体相用，后三言相互之关系。

[注二]神我、自性二元结合之时，神我为动力因，自性为质料因，而万有依之成立。论其生成之顺序：先由自性生觉（又名大），由觉生我慢，由我慢一方生心理机关之五知根、五作根、心根之十一根；他方生微细物质之五唯，更由五唯生粗质之五大，遂成千差万别之现象界。表示如左：

$$
\left\{
\begin{array}{l}
\text{神我} \\
\text{自性—觉（大）—我慢} \left\{
\begin{array}{l}
\text{五知根（眼·耳·鼻·舌·皮）} \\
\text{五作根（手·足·舌·生殖器·排泄器）} \\
\text{心根} \\
\text{五唯（色·声·香·味·触）—五大（地·水·火·风·空）}
\end{array}
\right.
\end{array}
\right.
$$

二十谛三中，自性为万有发展之大根元，故又名根本物质。人生有种种痛苦，即此神我，为由自性所起之觉、我慢、五唯、十一根等成立之躯壳所束缚，误以身体所起之事件，而认自己之物故。欲灭此苦痛，须先去此误解，解两者之结合，而复神我之本来面目，是数论派解脱之方式，名曰神我独存。

[注三] 续命论，为拘赊黎所唱。排斥善恶报应之理，以为吾人既有生命，自然生苦乐，无特殊之原因。以诡辩方法，否定因果。

顺世论为斫婆迦所唱。极端主张现世物质主义，谓宜满吾人感觉之欲，以求快乐，从而否定道德。

[注四] 若提子者，生于吠舍离近郊之刹帝利族。二十八岁出家，苦行十有二年而悟道。三十年间，教化诸方，其徒甚多；于恒河下流，颇占势力。其教持酷烈之禁欲苦行，守不杀、不妄语、不取、净行、不欲求之五戒，否定四姓之别，即佛经中所称尼犍子外道也。

[注五] 四谛，苦、集、灭、道也。十二因缘，无明、行、识、名色、六入、触、受、爱、取、有、生、老死也。详见第三编第二章第三第四节。八正道，正见、正思惟、正语、正业、正精进、正定、正念、正命也。

[注六] 十条异说者，亦云十事非法。佛灭后百年，毗舍离有跋耆族比丘，创行十事，皆与律违。后有比丘迦乾陀子耶舍，游行至彼，审其非法，争不得直；走告西方大德离婆多等，赴毗舍离，拟判是非。跋耆比丘，亦以东方诸长老至，为之辩解。于是各推大德四人对议，其他与会者达七百人焉。十事者：一、盐事净，前日所受之盐，得蓄置而用于食事。二、二指净，中食之后，至晷影二指止，尚得取食。三、随喜净，食事之后再取食。四、道行净，离去道场时，食事之后得再食。五、酪浆净，酥油、蜜、石蜜等和酪非时饮之。六、治病净，因治病故，得饮用阇楼伽酒等之酒类。（阇楼伽酒，指酿而未甚熟之酒言。）七、坐具净，得准各人之身体，而定坐具之大小。八、旧事净，准前人所为而行，则虽与律相违，而不为罪。九、高声净，别作羯摩法，后来而强求余人之听取。十、金宝净，受金银钱等之施舍。以上十条之名目及解释，诸律上不无小异，见《五分律》卷三十、《四分律》卷五十四、《十诵律》卷六十、《毗奈耶杂事》卷四十、《善见律毗婆沙》卷一、《摩诃僧祇律》卷三十三等。

[注七] 小乘七十五法：色法十一、心法一、心所有法四十六、不相应行法十四、无为法三。大乘百法：心法八、心所有法五十一、色法十一、不相应行法二十四、无为法六。

[注八] 从上座部分为两部：一、即上座部，转名雪山部。二、说一切有部，从一切有部流出九部。三、犊子部。四、法上部。五、贤胄部。六、正量部。七、密林山部。八、化地部。九、法藏部。十、饮光部。十一、经量部。从大众部流出八部：一、即大众部。二、一说部。三、说出世部。四、鸡胤部。五、多闻部。六、说假部。七、制多山部。八、西山住部。九、北山住部。

第二编　本论

第一章　教理论

古来创设宗教者，殆无不对宇宙之大原从事考察。考察宇宙，必有二方面：一、宇宙万有，如何生起耶？即现象界应用如何说明也。二、既曰现象，必有使其显现之本体。其本体果为何物耶？不得不从事考察也。如是二方面考察之结果，不得不就现象与本体之关系，为进一层之考察。有认宇宙之本体为超越的神格。一切现象，乃自神之创造而成，是为有神的（人格神论）宇宙论。或谓本体即普遍的实在，现象之中，包含本体，二者合一，不可分别，是为泛神的（或无神论）宇宙论。宇宙论为千古悬而未决之问题，然其归结，总不出有神论与泛神论二种：泛神论者，乃否定人格的超越神，而以宇宙万有无在而非神的实在，泛神之名，即本乎此。

考察宇宙之二方面

宇宙论之归结

佛教之宇宙论，在二种系统中，属于泛神论。然同为泛神论，而因教义之浅深，亦有几多类别。或视物的现象及外部之自然物为神，

佛教之宇宙论

是唯物的泛神论也。或视世界内部的精神原素为神，是唯心的泛神也。或视世界道德的秩序为神，是伦理的泛神也。又以绝对理想之开展，为实在之反映，是论理的泛神也。是等皆可名为特殊的泛神论。反之，直视宇宙万有，为神的实在。从其物质上之存在，名为世界万有；从其精神活动力，名之为实在或神。两者互相浑化，成一实在，是为普遍的泛神论。佛教各宗派中，所执各异；然从特殊的泛神论，进化到普遍的泛神论，其过程极为明了。盖小乘是特殊的泛神论，大乘是普遍的泛神论也。如是宇宙现象、本体两方面，均有种种解释：其考察现象方面者，必说明现象之生起及原因，是为缘起论。其考察本体方面者，必说明宇宙本体之如何，是为实相论。最后乃达到现象即本体之结论。缘起论与实相论，不过互相表里之关系而已。是故万有生灭无常之相对的现象，即是不生不灭常恒不变之绝对的本体，而以现象外无本体，本体外无现象，为终极之理想。

缘起论与实相论

第一节　缘　起　论

缘起论者，说明宇宙万有如何生起，仅就

差别之现象，加以考察也。在彼有神论者，则
于万有之外，立造物主之神格；佛教之泛神论
则不然，而以万有生起，完全属于自己之因果
律。现在之果，起于过去之因；过去之因，亦 佛教之因果律
毕竟以前之果；如此向上推究，至于无始为止。
又现代之果，为后代之因；其因又辗转传下，
至于无终。无始无终，因果之连续循环，前后
不断，此泛神论上必有之结果也。而此循环， 泛神论之结果
其间亦有几多之直线连续。无始无终论中，在
生死成坏，亦有一重之因果，一段之始终也。
然死为再生之因，坏为再成之因；死后有生，
坏后再成；生住异灭，灭而复生；成住坏空，
空而复成；进化轮化之循环无止时，增减、进
退、生死，毕竟形状之变化，位置之转换，总
不外乎因果之交代也。就缘起论之系统言，其
进步发展之历程，有种种不同，以下分别说
明之：

（一）业感缘起论

业感缘起者，说明宇宙万有之生起，皆由 业力之所感召
吾人业力之所感召也。吾人之身心及客观世界，
何由而成？不外乎身口意作业之所发现，所谓
自业自得。或父子，或家族，或同一国民，住

在同一国土之中，皆是共业所感；各人有自己之身体，是不共业所感；即业力能生差别之宇宙万有，前谢后代，为吾人生活之连锁也。吾人之形骸一旦萎化，此生所造之业力，初不随之而去，又能引起新生命。造善业者来生得乐报，造恶业者来生招苦果，此苦乐之报，全由今生善恶之因所感，非有他力。更克实言之，造业之因，乃由于惑（烦恼）；起惑造业，乃生苦果。此如草木之种子，因雨露水土而发生茎干枝叶，结成果实也。有惑有业，果乃得生；即因惑业而有此世界，有此人生。世界也，人生也，毕竟迷罔之境，充满苦痛之苦果也。故惑业苦三道，为吾人迷界之因果。因惑业感苦果，苦果中更造惑业，因果连续，生生死死，亦相引于无穷。恰似花落结实，实更开花，花复生实，循环至于无穷也。吾人欲脱此苦果，当断惑业之因；惑业断尽，更不感果受生，证得不生不灭，名为涅槃。以上业感缘起之理，为佛教之根本教义，通乎大小乘者也。

惑业苦

断尽惑业证得涅槃

（二）赖耶缘起论

妙有论之二种倾向

龙树之消极空论，一转而为无著、世亲之积极的妙有论。此妙有论生二种异倾向：一为赖

耶缘起论，一为真如缘起论。考其发展之次序，
则赖耶缘起论之完成，当在真如缘起论之后，
较真如缘起论更进一步之法界缘起论，又在赖
耶缘起论完成之后也。此创赖耶缘起说者，因
主张自家所执之故：一方对于小乘之业感缘起
说，一方对于真如缘起说，加以种种指斥。先
述其对小乘之说，则谓业感缘起，有生起间断。
小乘仅立眼、耳、鼻、舌、身、意生灭无常之
六识，彼前五识唯受外界之刺激，写象于心内，
别无比较、推论及追忆过去等复杂的精神作用。
有此作用，且占重要之地位者，唯第六意识而
已。然意识者，有间断者也。前念去，后念来，
无有停住；及吾人死亡，则意识消散，何者能
保持此业力，使其死后连续不断耶？因此之故，
大乘必建立阿赖耶识，恒起常在，为宇宙万有
之根元；能包藏一切万有之种子，从此展开森
罗万象之现象界。其对于真如缘起论，则谓真
如者，万有之理体也。理体者，平等一味也，
常住不生，亦无转变。若谓平等一味之理体真
如，能为万有缘起，是本无今有，决不合理。
盖此千差万别之现象，不得不从万差之种子而
生。于是立阿赖耶识，是识能包藏一切诸法之
种子，依真如理体，使其变现为现象界。

阿赖耶识为宇
宙万有之根元

赖耶缘起之创设者

创赖耶缘起说者，为法相宗，亦称唯识宗，于小乘六识之外，更立第七末那、第八阿赖耶二识。末那是执我之意。阿赖耶者，含藏之义也，译为藏识。此识因缘所成，无始以来，恒时现起，无有间断，含藏一切种子，即具发现万象无限之能力。从此种子，吾人之根身发生，同时使其居住之客观界（即万物）顿变现出。对此顿变影像，前七识更加以种种分别，以生起长、短、方、圆、赤、白之现象。此万差之客观界诸现象，毕竟由主观内意识之知觉作用而发现者，无知觉则无万象。然感觉所缘之万有本质，不得谓为无有；即从长、短、方、圆、赤、白等感觉以外，不能无客观的实在。然此实在之本质，不外阿赖耶识内种子之能变。前七识缘此自己能变之客观现象，为种种之分别，

种子与现行

更熏习而成新种子，藏于阿赖耶；更加第六识善恶业之熏力，生起现行。种子现行，展转相续，开展迷界之宇宙，是谓有漏种子，而阿赖耶，乃为生死轮回之主体。然悟界之种子，亦藏于阿赖耶。吾人了知外界之迷妄，顿起觉悟，对于外界影像，不生妄心，渐熏成无漏种子，超脱生死，则阿赖耶又为超凡入圣之主体也。

（三）真如缘起论

真如缘起论者，以超越现象之心的本体（即真如），为宇宙万有之第一原因。普通以《起信论》代表真如缘起说。抑真如缘起论，可谓绝对的唯心论：举世界万有，悉归摄于一心。心之本体，所谓心性者，普遍实在。一切法界，无非此心之自体；一切万有，无非此心之显现。所谓"一法界、大总相、法门体""是心则摄一切世间法、出世间法"是也。一心之内容，当就其动的方面与静的方面注意观察之。世界全体，当其生灭起伏，千变万化，内外种种现象，杂然并作，几不可究诘；然此动的方面，总不离乎一心，称为生灭门。反之，世界本体，则常住不灭，寂然不动，此静的方面之自性清净心，称为真如门。此之谓一心二门：真如门者，世界之本体也，绝对界也，平等界也；生灭门者，现象也，相对界也，差别界也。然何故一心之中具有正反对之两面乎？盖自性清净之心海，本无生灭，无来去，唯无明外缘，忽然妄动，起千差万别之波浪，是即内外诸现象之开展也。无明者何物耶？曰：无明者，说明现象起源之终局假定也；于静使动，于平等上使生差别，为第一原理。然无明非实有其物，乃凭依

真如为宇宙万有之第一原因

一心二门

无明之生起

心体而起者，即由真故有妄；申言之，乃心体上发现一种之势用也。故云："忽然念起，名为无明。"心体真如与无明，共为根本的，决非二元也。如是一念不觉，迷于真如，此迷真者谓之根本无明；迷真逐妄，执妄境为实有，此执妄者谓之枝末无明。由此起惑造业，生死系缚，轮转不已。在真如门，绝无迷悟染净之差别，平等一相，即宇宙之普遍体性；在生灭门，则平等之真如，现起差别，迷悟染净之相，宛然显现。真如之与生灭，恰如静水起波，而离水无波；若离真如，亦无生灭。故真如、生灭二门，不一不异。盖真如者，绝对平等之本体，不生不灭之实在；生灭者，相对差别之诸法，生灭变化之现象。二者划然有别，故云不一。然非生灭现象之外别有真如之本体，真如即生灭，生灭即真如，故云不异。盖不一者，指义而言；不异者，指体而言。仍以水波喻之：水静波动，动静之义别，则云不一；离水别无波体，则云不异。不一不异，唯是一体之两面观，非矛盾也。其动的生灭现象，由无明熏心体真如，转动不绝，谓之无明染熏；生灭中不动之真如，静亦制动，使心体得还元，谓之真如净熏。染熏者，生灭连续之因，由迷而成凡也，亦谓之

真如门与生灭门之关系

染熏与净熏

流转门；净熏者，实在还归之因，由悟而入圣也，亦谓之还灭门。

（四）法界缘起论

真如缘起论，区划实体与现象。自真如之实体，开发而为宇宙万有，故必设立无明为现象界生起之根本原理。今法界缘起论，立说乃更进一层。盖宇宙之实体，不能求诸现象之外；实体之外，又无现象存在之理。既真如为能缘起，万有为所缘起，则能缘起之真如，举体一动，即成所缘起之万有。实体即现象，现象即实体，千变万化，无量无数之现象，无非真如之全体活现也。万象者，从其形相之存在上名之；真如一心者，从其灵妙之活动深远之意匠而得名。二者全是一物，此之谓一心法界。万有者千差万别，其差别不过是活动上之波纹，要是一活动也。是故五官五肢具备之人，亦是宇宙活动旋涡中所生一波纹，其有转变生灭宜矣。然波纹与活动本体，非是别物；吾人亦可直认波纹即活动本体也。所谓生灭，所谓转变，毕竟是一活动之某端与某端，又不外初波与次波之分别而已。更进而观现象与现象之间，物心等诸法相望，彼此平等一如。一现象之实体，

真如缘起与法界缘起

能缘起与所缘起

一即一切，一
切即一

即万象之实体；万象之实体，即一现象之实体。所谓一即一切，一切即一，举一法而诸法全收。一尘为主，诸法尽为之伴。相即相入，相依相

宇宙为缘起之
一大系统

成，其间关系联络，有重重无尽之妙。宇宙者，乃缘起的一大系统也。事事灵动，物物关联，无孤起者。万有之生灭转变，即实在活动之反映。因活动而有生灭转变；无活动则无转变，即无万象，亦无宇宙。明此活动之理，入法界

圣凡之别

观，以体会真如者，为圣人；昧乎此理，逐生灭转变，将无常之物，强为有常者，凡夫也。要之，法界有能缘起，所缘起，重重无尽之缘起，故名法界缘起，亦名无尽缘起。本此义以立教者，即华严宗是也。

（五）六大缘起论

法界缘起与六
大缘起

六大者，地、水、火、风、空、识是也。华严之法界缘起，虽达乎现象即实体之超越理想，然尚未直指普遍的实在，即为人格之佛陀也。更有一转此说，而以普遍的实在之具体化，

人格的宇宙论

即为人格的佛陀，名摩诃毗卢遮那如来。此如来即宇宙之本源，万有之实体。真言宗[注一]之教义，由此成立，是即六大缘起论也。梵语毗卢遮那，为遍照之义，故旧译称大日如来。[注二]

此佛身之体，即地、水、火、风、空、识之六大。六大即佛身，佛身即六大也。不仅此也，佛与众生，同为六大所成。宇宙万有，亦即大日法身之显现。其间生生灭灭，无非六大之集合分散，位置之交换而已。

宇宙万有之体性，既不外乎六大；六大又非隔历不融，实无碍而常相应者，故曰六大无碍常瑜伽。瑜伽即相应也。一尘之微，一毫之细，罔勿具备六大，故父母所生之肉身，即是大日法身。然众生无始以来，为妄情所覆蔽，大日法身之德用，不能显现。真言宗则修三密相应之法门，证得本有法身，故云即身成佛。

要之，六大者，即物心二元，非是并立；所云六大，所云物心二元，乃就其显现方面之不同，用论理的抽象，从常识上分别之也。若其实在本体，则一也，绝对也。抑物为形相，心有活动力。力不依形，则不能存在；形不由力，则不能发现。故物心二元，是不二一如；现象与实在，亦为不二一如。现象指形相而言，实在指活动力而言，而活动与形体不离；若是分离，两者皆不能存在。在现前事物之外以求真，在现象之外以论实在，皆误也。事外无理，象外无体，故云即事而真。是故凡圣不二，善

（侧批）六大无碍常瑜伽

（侧批）即身成佛

（侧批）六大即物心二元

恶无别，唯视吾人固有之活动力，能否圆满发作耳。申言之，即由活动之程度，而有凡圣善恶之分而已。真言宗之即身成佛，秽土即净土论，即以此义为出发点。盖六大缘起与法界缘起，内容本无大差；惟其论法全异，殆有经验的归纳的之倾向也。

第二节　实　相　论

宇宙之缘起方面，上来既略述之矣，而其实相如何，此不可不一为辩明也。

实相论，即说明宇宙实体之如何者也，与所谓实在论相似。

实在者，直观界也。直观界不可以言语文字表明之，然可用与之类似的比喻的而写象之。

学问上，宗教上，必期达到实在，用某种方法，以为写象。无论何等宗教，无不论及实在，特有深浅之不同。佛教之实在论，乃至精深者也。

佛教之实相论
分三种

今考察佛教所传之实在论，大概可分三种，即佛教从三方面考察，而写象实在者：一、消极的实在论；二、积极的实在论；三、理想的实在论。下依次述之。

一、消极的实在论

消极的实在论有二种：

甲、普通消极说

普通之消极说，盖谓可以言语文字发表者，全为现象界之事；实在者决不可得而写象也。　不能写象
又实在与现象，或云同，或云异，云一，云不一，皆不得当。又谓有谓空，亦有亦空，非有非空，谓圆，谓真，为善，皆非实在之真相。是等意义，各经论皆有之。如法相宗谓废诠谈旨，三论宗谓言亡虑绝，天台宗谓百非俱遣、四句皆离[注三]，禅宗不立文字，华严宗谓果分不可说，真言宗谓出过言语道，净土宗谓不可称、不可说、不可思议，皆知此般之消息者也。

乙、特殊消极说

特殊之消极说，又有二别。一者写象实在，　空寂说
全用消极的方式，所云空寂是也。而此写象，又有二义：一、对现象界之有相，由反对的真空观念以写象实在者，即小乘之意也；一、去现象界之执着，以遮情的手段写象空寂者，即大乘之意也。二者由积极的方式写象实在，与现象界全然异视。如法相宗谓实在谓圆成实，[注四]　写　凝然不作
象真如，即所云凝然不作是也。今以表示之如左：

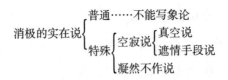

二、积极的实在论

实在属于直观界。将欲写象之，必堕于现象界之范围，故以此为不能写象，或谓为不可知，固无不可。然此仅用消极说，一方不能立化他之根基；他方既得直观实在，当由何等方法？使其写象，是为人心自然之发动；又既得直观，决非但空，可断言也。于兹必有积极写象从而生起。佛教之积极实在说，亦有种种：

普通的写象 一、用善的抽象实在而写象之，以现象界为迷妄，以实在界为真实。如云真如，云真心，云圆觉，云胜义等是也。二、用具体的写象。如云法身，云如来，又如所云法体，所云六大等，是同一意。是等所谓普通写象也。又从实在与现象之关系方面考察之，所云一如，所云如如，**关系的写象**
所云一心法界等是也。次又用内存的抽象的写象之，所谓中道，所谓真善，所谓真谛等是也。**内存的写象**
又用内存的个体的写象之，所云佛性，所云觉性，所云法性等是也。如上所说，皆含有能动的意味，故属于积极论。以表示之如左：

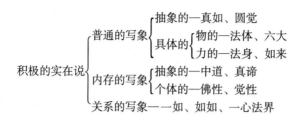

要之，积极的实在论，其写象方面，虽有
种种，其以实在为善的、能动的，是同归一致
者也。更进一步，则以现象与实在互相融合，
而以此写象为一如的是也。

三、理想的实在论

理想的实在论者，乃假定之命名。吾人到
达于宗教解脱之终局，即为实在；若与对于现
象之实在比较之，其意味略有不同。所谓对于
现象之实在者，为由实在而有现象，是为现象
界之因；如云真如，即因的实在也。今此理想
的实在，即指脱落现象界而到着之实在，所谓
果的实在也。然此因果实在，结局一致，理所
当然。但在现象界中之吾人，形容实在一致
时，谓之理想的实在耳。此理想的实在，亦有
消极、积极二说，又各分形心、主客二义，以
表示之：

因的实在与果
的实在

理想实在之消
极积极说

$$\text{理想的实在说} \begin{cases} \text{消极说} \begin{cases} \text{形骸的—阿罗汉—无为} \\ \text{心状态—涅 槃—寂灭} \end{cases} \\ \text{积极说} \begin{cases} \text{主观的—佛陀—活动} \\ \text{客观的—净土—善美} \end{cases} \end{cases}$$

抑理想的实在论中之消极说，为小乘之所说。彼谓诸行者，无常也；万有者，生灭转变也：均非一之常住也。脱却此生灭无常境界，而得寂灭境界，是谓涅槃、涅槃界者，常寂也，无转变生灭之迁化也。入此境界，为人生之终局目的，是形容消极的与实在一致之心状态也。又谓诸法者，无我也。吾人心身，转动无定，老死难测。故离此不定之执着，灰身灭智，全然杜灭现象界之心身，达于无为之境界，名为阿罗汉，即无学，又名应真（与真理相应犹云真人）。此则写象消极的与实在一致，而涉于形骸者也。是皆否定现象界。在现象界以外，从无为空寂以求实在，故为消极说。至积极说，惟大乘中有之，谓现象界以外，有圆满之实在界，与现象界内之实在有区别。曰佛陀，曰净土，俱有积极的意味。

第二章　解脱论

前章之考察宇宙，是从哲学方面论佛教。其各派同一契合点，在于泛神观。从特殊泛神观，渐次达于普遍的泛神论。其中派别，已略述之。今更就宗教方面，即解脱论上，研求各派之契合点，以明其根本义之实质，续论其形式上分化异同之次第。

解脱一名，就文字论，已露消极的意味；其实解脱不独限于消极的，又有积极的进化之意。要之，脱却人世之不自在羁束，达到圆满自在之境界者，即消极的方法；于不自在中可得自在，又使不自在者进化于自在，即积极的手段。消极、积极，方法手段似异，结果全同；又解脱境界之无为（即消极的写象）或有为（即积极的写象）之区别，与从不自在入于自在者，全相一致也。此解脱不独佛教而已，其他宗教，均有此自觉自得之处，含有解脱之意味。

然佛教之解脱，在出发点与其他宗教大异，

佛教之解脱与
他宗教之不同

于到着点亦有独得，与其他解脱论不能同视也。至于佛教各派，在其解脱之形式方法，虽各不同，而实质上之出发点与到着点，则完全一致，是名为宗教上之契合点。今先述其根本的实质方面之契合点，次述其形式方面分化相异之点。

第一节　解脱之实质

解脱之实质分
两种

解脱有实质与形式：形式者，指解脱之方法手段。实质者，指解脱之因由，即出发点；与解脱之境界，即到着点。本节说明实质之要点，更分出发点与到着点二项述之：

一、解脱之出发点

大小共通之出
发点

佛教解脱之出发点，在乎人生之多苦观。小乘固如是矣。即大乘之大我的活动，虽持积极主义，而其发源，全由于人生之多苦及现在之不满足；因多苦不满足之故，当灭其苦，使不满足者满足，此大小共通之出发点也。

惟其解脱之方法，及其解脱之结果，则大小乘之归趣大异。在伦理上唱实现主义者，亦以现在不满足为因由；因现在不满足之故，使更善之环境，有实现之必要。佛教之解脱亦然，其以多苦及不满足为动机，固属当然。惟其多苦不满足，所以有渐良主义、努力主义、改善主义等相继而起。其解脱手段之消极与积极，当然有优劣之判。要之，大乘是立乎多苦观上之积极主义，小乘是立乎多苦观上之消极主义也。

积极主义与消极主义

二、解脱之到着点

佛教之终局解脱，即解脱之到着点，全在于与实在一致之观念。如小乘以现象界为迷误，为妄动，以静的写象实在；于是用消极方法，制止妄动，断除迷误，以入于涅槃寂静之境界，为其终局目的。希望与实在一致，以此为到着点，尤属明白之事实。又如大乘立真如缘起说，积极的写象实在；谓之成佛，谓之弥陀同体，谓归于澈底大悟等，无非是与实在一致之观念。惟其与实在一致之方法，有主观、客观、消极、积极等之差别。故所云与实在一致之事实，虽完全同一；而到着境界，则有深浅之不同。此与实在一致者，即绝对的解脱，又可云一元的解脱。绝对的一元的解脱者，佛教解脱论到着点之根本义，各派皆归一致者也。

与实在一致之观念

绝对的一元的解脱

第二节　解脱之形式

形式方法之不
同一

自力他力二门

　　佛教解脱之实质，各派之归趣，大略相同。至其形式方法，决不能同一。各宗派所用种种方法，细察其内容，就其类似之点概括之，可分为自力、他力二门。然此等区别，此等方式，不独限于佛教，其他宗教教派，亦有此区别此方式者也。又此等区别，有时不能判然，或有自他双方兼用者，或有位于其中间者。今不拘定此区别，惟就佛教之自力、他力之性质解释之。

一、自力论

开发的解脱方
式

　　自力解脱者，结局自己有可能性。即有限之吾人，能包藏无限性；小我之内，发挥大我（即佛性）。又开发觉性，使之活动圆满，以达于理想之境界。此谓开发的解脱方式。是亦有消极、积极二种：消极说者，脱离可能性上缠缚之迷妄，使之显现实在，如小乘是也。而小乘持一切否定主义，倡无可能性之论；毕竟此可能性一物，亦用消极的写象之。谓阿罗汉是无学，此即认消极的可能性也。其云灭智，即灭现象心之妄念也。至大乘之积极说，则不必除妄，而于妄中现真。消极说，必灭现身，去现在后，始达目的；积极说，则于现身，于现在，即能达之。要之，自力解脱，为开发的，可称为依时间的解脱方式。 时间的解脱方式

二、他力论

他力解脱者，认自己力弱，须藉他之助力，使自己投入普遍的实在界，以期与绝对融合也。是为归入的解脱方式。信实在有绝对力，虔诚归命，其实际融合之期，为在来世，即现在迷妄身心死灭之后，所谓未来往生，即消极的解脱也。又彼在一念归命之时，得入三昧，是为他力上积极的现在解脱。要之，他力为归入的，乃取空间的解脱方式也。今以表示之： 归入的解脱方式

空间的解脱方式

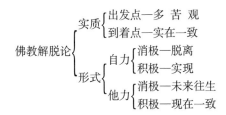

佛教解脱论 ┬ 实质 ┬ 出发点—多　苦　观
　　　　　　└ 到着点—实在一致
　　　　　└ 形式 ┬ 自力 ┬ 消极—脱离
　　　　　　　　　　└ 积极—实现
　　　　　　　└ 他力 ┬ 消极—未来往生
　　　　　　　　　　└ 积极—现在一致

［注一］真言宗，具云真言陀罗尼宗。陀罗尼，或云咒，或云明，其义皆同。咒文自一字或至数字，字字含无量之义。诵持者除一切障碍，而得利益，故有总持、

能遮等义。以其为如来真实之语，故称真言宗。

［注二］大日如来，为真言宗之本尊佛，密号遍照金刚，又称遍法界身、普门身。此如来具一切如来普门之总德。自竖的方面言，则为差别门，诸佛菩萨，皆自此尊出生；自横的方面言，则为平等门，一切万象，皆是遍法界身。

［注三］有中四句，无中四句，双亦四句，双非四句，共十六句；各有过去、现在、未来，成四十八句；此四十八句，又各有已起、未起，成九十六句；带根本四句，共成百句。皆无实义，故俱宜遣。凡有无、一异、断常等，但举一对，便成四句。皆有过谬，故须离之。

［注四］法相宗分遍计所执、依他起、圆成实之三性，谓吾人对于事物，周遍计度，起种种虚妄分别，因生妄执，全无实在，此名遍计所执性。心、心所法及一切事物，皆依众缘而起，名依他起性。由破我执、法执，所显圆满成就之实性，即真如，名圆成实性。

第三编　各论

第一章 绪言

佛教各论者，论佛教各宗派之教义者也。佛教虽产生于印度，而各宗特别发挥光大，且能作有系统之研究者，厥惟我国。在唐代有十三宗，后多归并。至今日以显密大小分之，尚有十宗。

我国之十宗

抑旧时典籍，如《八宗纲要》等书，皆概括各宗教义而记述之，读者亦可得其大要；至求其详，则各宗皆有所依之经论，及其注疏解释等。繁简精疏，各从所好，得之不难。然各宗多有排斥他宗、独尊自宗之弊，于初学者颇不便也。

佛法大部，可分显密二教，而显教中又有大小乘之分。显教，能以言说显者也；密教，不可以言说显者也。显教各宗，为报身佛、化身佛所说；密教则为法身佛所说，故独称真言宗。今就各宗所标之教义，以简明文字，述其大要；先以表明其类别，以下分章叙述之：

佛教分显密二大部

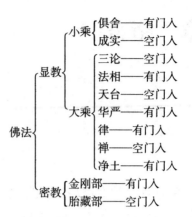

第二章　俱舍宗

第一节　宗　义

俱舍宗，由世亲菩萨之《俱舍论》而起。《俱舍论》乃《阿毗达磨俱舍论》之略称。阿毗译对，达磨译法，俱舍译藏，统云《对法藏论》。对有二义：一、对向涅槃；二、对观四谛。法亦有二义：一、胜义法，谓涅槃也；二、法相法，谓四谛也。对法云者，即以无漏真智，观四谛之理，而得涅槃之乐也。世亲先依一切有部出家，后不满其说，乃采《大毗婆沙论》（此云广解，有二百卷）之意，而造此论，间取经部之意，为小乘有部最后之开展者也。陈真谛三藏译此《论》，即开俱舍宗，后佚失不传。唐玄奘法师重译之，弟子普光为之《记》，法宝作《疏》，大为阐扬，此宗遂盛，今则衰矣。此论之内容，共三十卷九品，其初解释万有，次论迷之因果，后明悟之因果，末述无我之理。

俱舍宗之由来

俱舍宗之盛行

第二节　七十五法

有为法与无为法

　　《俱舍论》就宇宙万有之变现，依客观解之，分别为有为、无为二法。有为法更分为四，曰色法、心法、心所法、不相应行法。无为法更分为三，曰择灭、非择灭、虚空。色法有十一、心法一、心所法四十六、不相应行法十四，加无为三，共得七十五法，为研究一切法相之根本。今表示于下：

色　法 ｛五根（眼、耳、鼻、舌、身）
　　　　五境（色、声、香、味、触）｝……………十一
　　　　无表色

心　法…（心王，即眼识、耳识、鼻识、舌识、身识、意识）……一

有为法

　　　　大地法（受、想、思、触、欲、慧、念、作意、胜解、三摩地）……十

　　　　大善地法 ｛信、不放逸、轻安、舍、惭、愧、无贪、无瞋、不害、勤｝……十

心所法　大烦恼地法（痴、放逸、懈怠、不信、昏沉、掉举）……六

　　　　大不善地法（无惭、无愧）……二

　　　　小烦恼地法（忿、覆、悭、嫉、恼、害、恨、谄、诳、憍）……十

　　　　不定地法（寻、伺、睡眠、恶作、贪、瞋、慢、疑）……八

　　　　　　　　　　　　　　　　　　　　　　四十六

不相应行法 ｛得、非得、同分、无想果、无想定、灭尽定、命根、生、住、异、灭、文身、名身、句身｝……十四

宇宙万有

无为法 ｛择灭无为
　　　　非择灭无为
　　　　虚空无为｝…………三

七十五法

色法，即吾人依正二报所具之种种色质。　色法
内为五根，外为五境，皆色法也。无表色者，
谓吾人行善行恶之原动力，击发于身内，虽无
形色可言，但行业招果，昭昭可见，故亦为色
法之一。

心法，即心王，喻心如王，独尊而能率众　心法
之义。有眼识、耳识、鼻识、舌识、身识及善
行恶行所起之意识。心所法，乃心王所有之法。　心所法
又分为六：一曰大地法，乃心动时普遍而起之作
用也。二曰大善地法，谓此心动时，一切善心
相应而起者也。三曰大烦恼地法，谓恼乱吾人
之心意，一切烦恼之根本也。四曰大不善地法，
谓一切恶心由此而起者也。五曰小烦恼地法，
乃由种种染污所起之烦恼也。六曰不定地法，
谓性之善恶净染俱无一定，又于心之作用亦非
遍通一切，故曰不定地也。

不相应行法者，谓非如色法有质碍之性，　不相应行法
亦非如心法有缘虑之用，非色非心，乃宇宙万
有变化之幻象。如前表所示：凡物之系属于我者
曰得，反是曰非得。依此得与非得，遂于人世
生种种之差别。此差别中，人与人，禽兽与禽
兽，其同一之点，曰众同分。行人灭心性之作
用，住于无心；所获之境界，曰无想果、无想

定、灭尽定。无想果者，由定力故，心、心所不生作用，感色界第四禅无想天[注一]之果报也。无想定者，即感得无想果之定力也。灭尽定者，亦由定力，令心、心所不生作用，感得无色界第四天之果报也。命根，即寿命，谓于一期生死，能保存身心不失之根本也。生、住、异、灭称为法之四相。凡使有为之事物，由未来入现在者曰生，安住此现在者曰住，渐失现在之形状者曰异，由现在而入过去曰灭。名、句、文为诠表意义之作用，在声音上所显之字曰文身，成一物之名者曰名身；连缀成句者曰句身。共计有十四种，与色与心，俱不相应，故曰不相应行法。

以上所述，系就万有状态，而分析其生灭变化者，统属有为之法。至与此相反之无为法，则无生灭变化之可得，而寂然常住者也。分择灭无为、非择灭无为、虚空无为三种：择灭者，以拣择力所得之灭也。拣择力，指智慧言；灭者，诸相寂灭之理，即涅槃。谓以智慧断有为之烦恼，证得寂灭之理，曰择灭无为。非择灭者，谓诸烦恼，有时缘阙不生（如眼与意专注于色时，余声、香、味、触等尘，倏忽迁谢，故令缘声等识更不复生，故云缘阙不生），不必

择灭无为

非择灭无为

由智慧之力而得灭，曰非择灭无为。虚空遍一　　虚空无为
切处，了无障碍，自然无生灭变化。修无我观
时，离一切诸法障碍，有似虚空，曰虚空无为。
此三种无为法，一般小乘执为实有；《俱舍论》
在小乘中较有进步，故不执是说。合此有为、
无为二者，共有七十五法。

第三节　四　谛

四谛者，苦、集、灭、道也。吾人之身，　　四谛之名称及
有病有老有死；吾人之世，有聚会别离。沧桑　　意义
变幻，盛衰无常，立身处世，苟一回想，无非
苦海。此苦谛也。苦之从来，由于起惑造业之
因缘，即是烦恼所集而起，名为集谛。若求脱
离一切苦恼，得涅槃寂灭之真乐，名为灭谛。
欲入灭谛，必先修行，于是讲求戒、定、慧三
学，以期合道，名为道谛。苦集二谛，为迷之
因果；灭道二谛，为悟之因果。谛者，审谛不
虚也。夫以集之因而得苦，以道之因而得灭。　　《俱舍论》之
故修道而求寂灭，实为修行之主脑，此《俱舍　　本旨
论》之本旨也。

第四节　十 二 因 缘

十二因缘之名
称及意义

　　十二因缘者，显生死轮回之相状，其间有因果的关系，即无明、行、识、名色、六入、触、受、爱、取、有、生、老死之十二支是也。无明者，诸烦恼之总称，亦谓之惑。行者，心之造作，有善，有恶，有不善不恶，亦谓之业。无明与行之二支，为过去所造之因。识者，自过去世之惑业所驱，今世托胎之最初一念也。托胎时，心识之力偏胜，故得识名。名色者，托胎以后，心身未完备之称也。名即精神，色即形体。斯时心识暗昧，形体未全，故不称身心，别称名色。六入者，谓在胎内，已具眼、耳、鼻、舌、身、意之六根，形体完备，六根将有所入也。触者，出胎以后，至二三岁之婴儿；但触外境，起单纯之知觉，无爱憎之情也。受者，自五岁至十二三岁，此时心识渐发达，生饮食玩具等之希望，而起苦乐之感情也。自识至受之五支，即现在所生之苦果。爱者，自十四五岁起，对于财色等而生爱着也。取者，爱着之心增长，欲取而得之也。有者，为爱、取之念所驱使，而造种种之业，业必有后来之果也。爱、取、有三支，即现在所造之因。生者，自现在所造之因，来世再受生也。老死者，来世受生以后之死灭也。生、老死二支，为未来之果。此十二因缘，通乎三世：由过去无明、行之二因，招现在识、名色、六入、触、受之五果；由现在爱、取、有之三因，招未来生、老死之二果。吾人沉沦苦海，展转轮回，根本皆由惑业所致。本宗之缘起论，主张业感缘起，诚推本穷源之论也。十二因缘，不出因果二种，更可分为惑、业、苦三道，以表明之：

十二因缘不出因果二种

```
无明（惑）┐
行  （业）┘过去二因—集谛

识  ┐
名色│
六入├（苦）—现在五果—苦谛
触  │
受  ┘

爱  ┐（惑）┐
取  ┘      ├现在三因—集谛
有  （业）┘

生  ┐（苦）—未来二果—苦谛
老死┘
```

上表以三世两重因果概括十二因缘，实即详说四谛，使人易于警觉而已。盖无明、行、爱、取、有五支，为集谛；识、名色、六入、触、受、生、老死七支为苦谛；观因缘智，即

十二因缘与四谛之关系

为道谛；十二支灭，即为灭谛。吾人顺生死潮流，无明缘行，行缘识，识缘名色，名色缘六入，六入缘触，触缘受，受缘爱，爱缘取，取缘有，有缘生，生缘老死忧悲苦恼，则生生死死，轮转无穷。若知生死根本，端在无明，逆生死潮流，先断除之：无明灭则行灭，行灭则识灭，识灭则名色灭，名色灭则六入灭，六入灭则触灭，触灭则受灭，受灭则爱灭，爱灭则取灭，取灭则有灭，有灭则生灭，生灭则老死忧悲苦恼灭，于是生死之根本永断，超出轮回，证入解脱之真境，即所谓涅槃也。

第五节　涅　　槃

涅槃之境界

涅槃者，解脱安稳之境地，人生最后之归趣，其义则为寂灭也。小乘之涅槃，倾向于消极的。彼见人生流转生死，无非由于惑业之因，故灭尽此因，即能超出生死大海，证入无为常住之涅槃界。前述无为法中之择灭无为，即小

小乘二种涅槃

乘之涅槃也。而其涅槃亦有二种：此生烦恼已尽，尚余现受色身未灭，心识未断，名为有余依涅槃。若此生烦恼已尽，身心亦灭，无有遗余，名为无余依涅槃。

第六节　三乘之因果位

本宗立声闻、缘觉、菩萨三乘之因位果位，谓声闻修四谛法，速者三生，迟者六十劫，[注二] 方能得果。其修行之方便有七，得果有四。缘觉观十二因缘，速者四生，迟者百劫，方能得果。在修行中为缘觉向；功德圆满，断惑证理，为辟支佛果。菩萨经三阿僧祇劫，修六度万行，更于百劫间，广植相好之业，然后断结成佛，入无余涅槃。以表示之如下：

声闻、缘觉、菩萨之因位果位

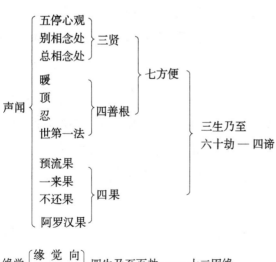

七方便 七方便者，乃声闻乘之因位。初修五停心观，即以五观停止五心过也。一、不净观，退治贪欲；二、慈悲观，退治瞋恚；三、因缘观，退治愚痴；四、分别观，退治我见；五、数息观，退治散乱。次别相念处，谓分修四念处也。一、观身不净；二、观受是苦；三、观心无常；四、观法无我。次总相念处，谓总修四念处也。恒念此身不净、是苦、无常、无我，受与心、法，亦复如是。以上三位，谓之三贤。次修四谛观，能于真空发相似之解，伏烦恼惑，得佛法气分。如钻木取火，先得暖气，曰暖位；再进而相似之解增胜，定观分明，在于暖位之上，如登山顶，观望四方，悉皆明了，曰顶位；再进而明四谛之理，印可决定，堪忍乐欲，曰忍位；更进而修四谛之行，渐见法性，虽未得圣道，而于世间称为第一，曰世第一位。以上四位，谓

四果 之四善根。世第一法之后，无漏智生，断尽三界见惑，曰预流果；从此断欲界思惑（一曰修惑）之少分，尚往来于欲界者，曰一来果；断尽欲界思惑，而不再生欲界者，曰不还果；若全断三界思惑，超出三界者，曰阿罗汉果。是谓四果。

见思二惑 见惑、思惑，同属烦恼。若区别之，凡于

意识起诸分别，迷于真理而起之我见、邪见等，曰见惑；五识对五尘境，迷于事相而起之贪爱等，曰思惑。见惑为觉悟之障碍，思惑为解脱之障碍。故吾人欲悟四谛之真理，必断见惑；欲出三界而入涅槃，必断思惑。盖不可不明辨之也。

第三章　成实宗

第一节　宗　义

成实宗之由来　　成实宗，由《成实论》而起。在佛灭后九百年顷，诃梨跋摩著此《论》，发挥二空之理，恰与《俱舍》相反。本《论》观察宇宙万有，分为

世界门及第一义门　世界门及第一义门：世界门认诸法为有，人我非无。然一切诸法，皆从因缘而生，离因缘则灭；虽有亦假，似有实无，进而入第一义门，则说人空、法空。人空者，喻如瓶中无水，五蕴假和合中，毫无实常之人我，曰人空观。法空者，如瓶体无实，五蕴诸法，但有假名，并无实体，曰法空观。二空深理，本宗乃显然揭出，亦小乘空部最后之发展也。姚秦时，鸠摩罗什译此《论》，遂传入中国；南北朝亦有专宏此论者，称成实宗；唐嘉祥大师判为小乘而近于大乘，与三论宗相附而

成实论之内容　　行。此论之内容，共二十卷，明五聚[注三]之义及苦、集、灭、道之四谛，实条理秩然之问答体也。

第二节 断 二 障

二障者，一曰烦恼障，二曰所知障。烦恼障，即见惑、思惑之总称。所知障，谓障于所知之境，执而不舍，或增上之。例如修行人了知修行等位，随时审察，希与之合，久则留为法爱，其障碍与烦恼等。破除之法，以人空观去烦恼障，以法空观去所知障。依大小二乘之定则，欲得罗汉果者，唯断烦恼障；欲得佛果者，须断二障。今本宗既明二空之理，是小乘罗汉，已证佛果，迹近超越。不知本宗虽谈二空，实未能断除二障，不过于修观之际，智解甚深，能见及此而非证得也。

烦恼障、所知障

人空观、法空观

第三节 圣 贤 位 阶

由五趣地至阿罗汉果，共分二十七位。一、随信行，在闻思位，谓闻圣贤之教，随顺修行也。二、随法行，在四善根位，谓不待圣贤之教，而能随顺正法之理以修行也。三、无相行，即前二位之入见道位者。此三位名预流向。四、须陀洹果，即预流，断三界之见惑者。五、一来

二十七位

向，即预流果位之渐断欲界前五品思惑者。六、斯陀含果，即一来果，谓已断欲界第六品思惑者。七、不还向，乃断欲界七八两品思惑者。八至十八凡十一位，名阿那含果，即不还果，乃断欲界思惑至第九品者。此十一位：一曰中般。二曰生般。三曰有行般。四曰无行般。般者，入灭之义，谓阿那含由欲界而入色界也。中般则在中有之位而得灭者。生般则生入色界而得灭者。有行般谓生入色界积功修行而得灭者。无行般谓不必积功修行，但经若干时日而得灭者。五曰乐慧，谓由色界转生色究竟天（即四禅天）而得灭者。六曰乐定，乃色界命终循次渐生有顶天（非想非非想处）而得灭者。七曰转世，谓先世得须陀洹果、斯陀含果，后转世得阿那含果，不生色、无色界，但于欲界转世而得灭者。八曰现般，谓第一利根，得阿那含果，不必转生，即于现身而得灭者。九曰信解脱，乃阿那含果中之钝根，信他之学说而解脱者。十曰见得，此为利根，以己之智见而证得真理者。十一曰身证，此阿那含之最上利根，其身已证得灭尽定者。此十一位合前之七位，共为十八，名有学位。其中自色界初禅第一品，至无色有顶天之第八品，共七十一品思

阿那含十一位

有学位与无学位

惑俱断者，曰罗汉向。后之九位，即阿罗汉果，　罗汉九位
名无学位，乃三界思惑俱断尽者。此九位：一曰
退法相，谓最钝根阿罗汉，于所得之禅定而退
失者。二曰守护相，谓能守护禅定，不使退失，
此根性较利之阿罗汉也。三曰死相，根又稍利，
深厌世间，恐易退失，乃求死也。四曰住相，
谓中等根机，不进不退之阿罗汉也。五曰可进
相，谓得禅定转而上进之阿罗汉也。六曰不坏
相，谓得禅定后，遇种种因缘，不能败坏也。
七曰慧解脱。八曰俱解脱。凡以无漏真智，解
脱烦恼障，而于所入灭尽定障，尚未脱离者，曰
慧解脱；二俱脱离者，名俱解脱。九曰不退相，
谓所作功德，尽不退失，此生得利根之阿罗汉也。
合前十八位，共计二十七位，列表如下：

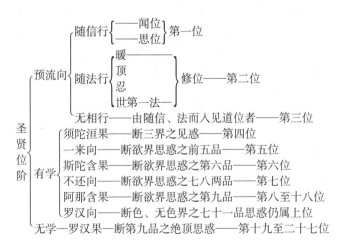

见惑易断
思惑难断

由上表可见，预流果已断三界之见惑；从一来向以至阿罗果，悉以断除思惑为事。盖见惑者，迷理之惑，其性猛利，断之反易，所谓见道如破石是也。思惑则迷于事相之惑，即贪、瞋、痴，其性羸劣，极难断除，所谓修道如藕丝是也。故欲断三界之思惑，必由粗而细，由近而远，乃能渐收效果。兹将三界九地，各分九品，共为八十一品，参照上表，配列果位如左：

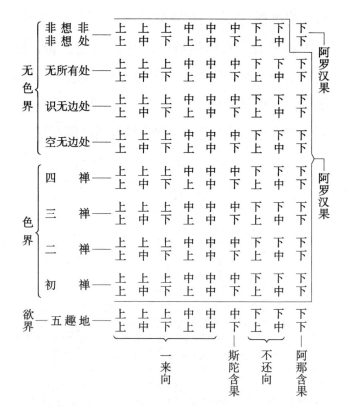

第四节　八十四法

本宗立八十四法，与《俱舍论》微有出入。一、色法十四，即五根、五尘、四大是也。二、心法五十，内心王一，心所法四十九，于《俱舍》之四十六心所中，加厌、欣二心所，又将睡眠分为睡与眠之二，故得四十九法。三、非色非心法十七，于《俱舍》之十四不相应行法中，将命根与同分合而为一；更加老、死、凡夫法、无作（即无表色）四法，得一十七法；加无为法三，共八十四法。

八十四法与《俱舍论》有出入

第四章 三论宗

第一节 宗 义

性相二宗　　印度本有性相二宗，亦称空有二宗。性宗说自性空；相宗说如幻有；空有两轮，悉归中道。三论宗乃性宗也。佛灭后七百年顷，龙树

《百论》《中论》菩萨造《中论》《十二门论》显八不中道之义；

《十二门论》更造《大智度论》，释《大品般若》。其弟子提婆菩萨造《百论》，广破世出世间之执。故般若

三论宗之由来真空，至是成为有力之学说。姚秦时，鸠摩罗什翻译《百论》《中论》《十二门论》，盛宏此宗。至唐之吉藏乃作《论疏》，专以此宗教授学徒，三论之旨极盛一时；或加《大智度论》，称

四论宗　　四论宗。宋以后《论疏》久佚，学者鲜通其义；且天台宗兴，三论已并入于天台。今则《论疏》复自日本《续藏》中得来，或者有重兴之望矣。

第二节 二藏及三法轮

本宗立二藏及三法轮。二藏者，声闻藏、菩萨藏也。声闻藏，即小乘教；菩萨藏，即大乘教。本宗属菩萨藏，故其立言取义，直趋大乘，不落小乘窠臼。三法轮者，一、根本法轮，佛成道之初，开显一乘真实之教，所说《华严经》是也。二、枝末法轮，因华严法门，当时听者，如聋如哑，不能领受，故说《阿含经》等。三、摄末归本法轮，即摄三乘方便之末，归一乘真实之本，如所说《法华经》是也。此宗立论，虽有大小之殊，而根本一归于真理，故取大小乘共通之三论，以为立教之本。

声闻藏、菩萨藏

根本法轮

枝末法轮

摄末归本法轮

第三节 破 邪 显 正

破邪显正，为本宗立论之大纲。邪破则正自显，故全部论议，关于破斥者独多。破邪有四：第一外道，第二毗昙（俱舍），第三成实，第四大执。外道者，佛教以外之学派。印度有九十六种之多，或执邪因邪果，或说无因有果、有因无果与无因无果，皆非因果之正。《百论》

本宗立论之大纲

破邪有四

即专为破外道而作。小乘中之毗昙说有，以四谛实有为真，不明佛法之妙旨，所谓见标月之指，而不能见真月者也。成实则说空，所云空者，色空也，而未达体空之理；且但知万法皆空，而不知并空亦不可得。《中论》则专破此迷，通于大小两教。大执者，大乘学者所生之妄执也。《十二门论》则专破大执，以显大乘之真义。故对于外、小、大执，一一破除无余，而于二谛、八不中道三致意焉，即显正也。

显正之本意

第四节　二谛及八不中道

真谛、俗谛

　　二谛者，一、真谛，二、俗谛。俗谛者，考察宇宙森罗万象之种种差别也。真谛者，即第一义谛，谓森罗万象，一切皆空也。俗谛示有，真谛示空，与成实相似。但曰有曰空，均非宇宙之真理。《涅槃经》云："众生起见，凡有二种：一断一常。如是二见，不名中道；无断无常，乃名中道。"故如来于俗谛说有，于真谛说空，以破执有执空之迷；至宇宙之真如实谛，则言语道断，心思路绝，是名八不中道。八不者，不生、不灭、不来、不去、不一、不异、不断、不常也。盖二谛者，以真妄相对立论，

不生不灭

不来不去

不一不异

不断不常

以表示妄之迷，真之悟；八不，则斥妄而显真者；中道，乃二谛之终局，不外乎真，为八不破邪之结果也。

第五节 行 位

本宗论成佛之义，亦有真俗二门。依真谛门，则生佛不二，染净一体，一切众生，本来是佛，无迷无悟，湛然寂灭。依俗谛门，则诸法缘起，万有森罗，因果历然，阶级亦异。故众生成佛之迟速，恒视根性之利钝。最利根者，一念之下，即入八不正观，而得道果；最钝根者，积集万行，经时三劫，方能成佛。然念劫不二，互相融熔，一夕眠梦百年时，百年事还在一夕。利者于一念之短，不碍三祇；钝者于三祇之长，不妨一念。此宗谓三祇菩萨，经五十二位[注四]，然后至佛果，故立五十二修行位。然亦不过俗谛中之假名设施，而非无所得之真实义谛也。

成佛之真俗二门

众生成佛迟速视根性利钝

五十二修行位

第五章 法相宗

第一节 宗 义

法相宗所依之经论

　　法相宗与三论宗却相反，亦曰有宗；依《楞伽》《阿毗达磨》《华严》《密严》《解深密》《菩萨藏》之六经，及《瑜伽》《显扬》《庄严》《辨中边》《五蕴》《杂集》《摄大乘》《百法明门》《分别瑜伽》《二十唯识》《成唯识》之十一论而成立，而以《瑜伽师地》及《成唯识》二论为根本。其教义谓宇宙万有，悉为识所变；

法相宗之由来

三界唯心，心外无法。吾人仅从现象求之，而不知此乃自心所变之影像，而非实有之境物，则惑之甚也。佛灭后九百年顷，弥勒菩萨应无著菩萨之请，说《瑜伽师地论》，始发明是理。后无著造《显扬圣教论》，世亲造《唯识三十颂》，护法等菩萨造《成唯识论》，法相唯识之理，至此成为有力之学说。我国南北朝时，真谛三藏及菩提流支，于法相经论，虽有翻译，

未竟全功。唐代玄奘法师，亲往中印度，就学
于戒贤论师，先后十七年，精通其法，归国译
传，遂成立法相宗。弟子窥基、慧沼、智周，　　**法相宗之盛行**
复次弟相承作《论疏》，宗风极盛。宋以后提倡
者渐希，《论疏》亦佚失；至明季而复振，学者
著述颇富，然因未睹《论疏》，不免向壁虚造，
多所乖舛。今则《论疏》自日本《续藏》中取
回，南北刻经处翻刻流传，学者始得睹此宗之
真面目云。

第二节　三 时 判 教

　　本宗据《解深密经》，判佛之说教为三时。
第一时，为有教，又曰初教，如《阿含经》等　　**第一时有教**
诸小乘经所说。盖释迦成道之初，一切外道凡
夫，执着实我，故为说四谛、十二因缘等法，
明一切法皆因缘所生，并无实我，称为我空法
有论。第二时，为空教。当时闻佛说我空法有　　**第二时空教**
之旨者，多不能了解其真意，复以为我虽空而
法恒有，遂执诸法恒有之妄见，误认心外有法。
故佛又说《般若》等经，明诸法皆空之理，破
斥法有之执见，意谓有为固空，无为亦空，毕
竟皆空，称为我法二空论。第三时，为中道教。　　**第三时中道教**

佛于第二时破法有之妄执，闻者又多堕于偏空之妄见，以为诸法不仅事相空无，即其实性亦是空无，执空之流弊，非特无可断之烦恼，并无可求之菩提。故佛又为说《解深密》等经，明非有非空之中道，称为心有境空论，即法相宗也。

第一时　有教——我空法有论（小乘《俱舍》等）

第二时　空教——我法二空论（《般若经》等）

第三时　中道教——心有境空论（法相宗）

第三节　五 位 百 法

五位名义　　　本宗立五位百法，以明唯识之理。五位者，心法（又名心王）、心所法、色法、不相应行法、无为法是也。心王者，识之自性，有八；心所法者，识之所属，有五十一；色法者，心王、心所之所变，有十一；不相应行者，心王、心所、色法三者分位所假立，有二十四。以上凡九十六，皆属有为法；前四法之实性，名无

合成百法　　为法，有六。合为百法。所分位次，与《俱舍》略同。惟《俱舍》以主观的心意作用，由客观

的对象而生起，故以色法为主，而心法次之。
本宗则以为客观的物象，皆主观的心识所变现，
故先列心王心所，而色法次之。详见下表：

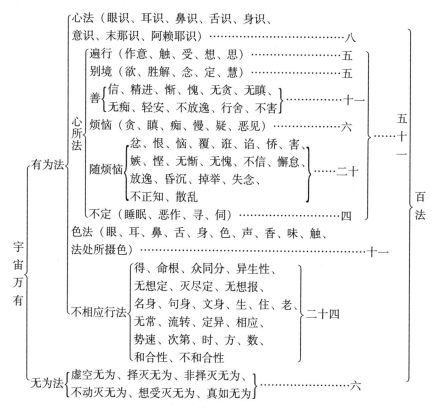

心法（眼识、耳识、鼻识、舌识、身识、意识、末那识、阿赖耶识）……八

遍行（作意、触、受、想、思）……五
别境（欲、胜解、念、定、慧）……五
善〔信、精进、惭、愧、无贪、无瞋、无痴、轻安、不放逸、行舍、不害〕……十一
烦恼（贪、瞋、痴、慢、疑、恶见）……六
随烦恼〔忿、恨、恼、覆、诳、谄、憍、害、嫉、悭、无惭、无愧、不信、懈怠、放逸、昏沉、掉举、失念、不正知、散乱〕……二十
不定（睡眠、恶作、寻、伺）……四

色法（眼、耳、鼻、舌、身、色、声、香、味、触、法处所摄色）……十一

不相应行法〔得、命根、众同分、异生性、无想定、灭尽定、无想报、名身、句身、文身、生、住、老、无常、流转、定异、相应、势速、次第、时、方、数、和合性、不和合性〕……二十四

无为法〔虚空无为、择灭无为、非择灭无为、不动灭无为、想受灭无为、真如无为〕……六

心所法 五十一

百法

有为法

宇宙万有

据上表所列：心王八法，即于俱舍宗眼、　心王
耳、鼻、舌、身、意六识之外，加末那与阿赖
耶二识，称为八识。前五识，皆依感觉之作用，
而各缘一境。惟第六意识，独能遍缘一切而了
别之，回忆过去，预想未来，无不如志；除睡

眠与闷绝外，殆无时不起者也。末那为梵语，译为意，是思量之义。此识为意识之根，内缘阿赖耶之见分，妄执为实我实法，此我法二执之迷妄，实为吾人造作恶业沉沦生死之原因。阿赖耶亦梵语，译为藏，即含藏之意。宇宙万有之种子，悉藏于此识中，故亦名藏识。有能藏、所藏、执藏三义：能藏者，言此识能含藏一切诸法之种子也；所藏者，由前七识熏成诸法之种子，藏于第八识中，以第八识为所藏也；执藏者，因第七识执第八之见分为实我实法，第七为能执持，第八为所执持，故得执藏之名也。以上八识，以水喻之，前六识时起时灭，如水之波；第七末那无始相续，妄执我法，如川之流；第八阿赖耶，则水之本体也。第七与第八，其性非善非恶，同名无记；第八为无覆无记，第七为有覆无记，均不似前六识之通于善、恶、无记三性也。

心所

心所法次于心王，详略位次，与俱舍微异。一、遍行心所，通善、恶、无记，于一切心中所必起者也。二、别境心所，各缘各别之境而起者也。三、善心所，与善心相应而起者也。四、烦恼心所，扰乱吾人之身心而为诸烦恼之根本也。五、随烦恼心所，随根本烦恼而起者也。六、不

定心所，或善或恶，不能决定者也。若以之分
配八识，第八阿赖耶识，惟与遍行心所相应；
第七末那识，与遍行之五，别境之慧，烦恼中
贪、痴、见、慢之四，及随烦恼中不信、懈怠、
放逸、昏沉、掉举、失念、不正知、散乱之八，
共十八心所相应；第六意识，与五十一心所完
全相应，故最明利；前五识，与遍行之五，别
境之五，善之十一，烦恼中贪、瞋、痴之三，
随烦恼中无惭、无愧、不信、懈怠、放逸、昏
沉、掉举、失念、不正知、散乱之十，共三十
四心所相应。此心王、心所之关系也。

　　色法者，广摄一切物质的现象。五根、五 色法
境，凡有色质障碍者皆是。五根者，眼根、耳
根、鼻根、舌根、身根，属于吾人内界之五官。
五境者，色境、声境、香境、味境、触境，是
五根对外界所取之境。法处者，意根之对象。
法处所摄色，亦名无表色，以其不可表见也。
有极略、极迥、受所引、定所生、遍计所执之
五种：极略、极迥，皆为假想之色。如分析土石
等有形之物质，至于极微而不可见，为极略色；
分析影光等无形之物质，至于极微而不可见，
为极迥色。受所引色者，受戒时所引出之一种
意力也。定所生色者，由定力变作色声等境，

如以定力变土石作黄金是也。遍计所执色者，幻觉所现，如龟毛、空华之类是也。色法皆由心王、心所之所变现，故次于心王、心所法。

不相应行法

不相应行法，俱舍只十四法，此有二十四法，较为详尽。其取意相同，不外非色、非心，亦非离色离心之三义而已。然俱舍以此诸法为各别有体；本宗则认为色心联合作用上所立之假名，非有实体。此其不同也。

无为法

无为法除与俱舍共同之虚空、择灭、非择灭三法外，再加不动灭无为、想受灭无为、真如无为三法。俱舍以无为法，亦各有别体；本宗则谓其体只一真如，从真如所显之理，附以六种之名耳。真如之理，离一切障碍，曰虚空无为；由无漏之智力断灭烦恼，所显真如，名择灭无为；缘阙而烦恼不生，所显真如，名非择灭无为；四禅以上，远离三灾八难，[注五] 一切苦乐受灭所显真如，曰不动灭无为；入灭尽定者，生无所有处，想、受二心所皆灭，所显真如之理，曰想受灭无为；真实恒常之实体，离人法二空，如如不动，所显理体，曰真如无为。此六无为，前五从缘得名，唯是假立；第六当体受称，乃是实法。以上乃百法之概略也。

第四节 种 子 及 现 行

本宗所立百法，以心王为主要；心王又以阿赖耶为根本；百法中除无为法外，悉由此识含藏之种子而生。种子分有漏、无漏，随前七识之熏缘，或无漏得势而为善，或有漏得势而为恶。各具无限能力，因而发生宇宙一切万有，触类显现，变化无方，故本宗依阿赖耶，立万法缘起之本。若夫转变相互无穷，求其理之所在，又须知种子与现行之关系。盖种子者，现行之因；现行，即种子之果也。合有漏、无漏，更分为本有种子与新熏种子。一切有情，从无始劫来所具有者，曰本有种子；由见闻觉知熏染而成者，曰新熏种子。先以本有种子为因，而起前七识之现行，又以现行为因，于八识田中，生各类之种子；再以新熏种子为因，复起前七识之现行；辗转相生，无有已时。《唯识论》谓种子生现行，现行熏种子，三法辗转，因果同时，如斯轮转无穷，即本宗之因果论也。

阿赖耶识含藏种子

有漏无漏

本有与新熏

种现相生

第五节　四分及三境

　　凡主观的精神作用，认识客观的对象，本宗立四分三境以说明之。四分者，相分、见分、自证分、证自证分是也。相谓相状，所缘为义。色声香等，各有相状，即客观之对象。吾人认识客观之境，并不能直认其境体，不过客观之影像，变现于我之心内耳，此名相分。例如中天明月，非明月之实体，乃我心之相分也。见者，见照，能缘为义。心性明了，能照前境，即主观之作用。吾人能见此明月，即见分也。证者证知。如见月时，自心能证知见月，即自证分，以见分即自证分之缘外作用也。证自证分者，自证分之内向作用，吾人返照见月及自知见月之自心，无生无灭，无去无来，恒常自在，即证自证分也。四分前二是外，后二是内，此皆就主观的心象作用言之。至客观所缘之境，又分为三境。三境者，性境、独影境、带质境也。性者，体性之意，即现前实境。例如孩儿见月，不识不知，但有直觉，是名性境。独影境者，非客观的实在之境，过去或本无之影像也。例如吾人心中忽忆前宵所见月色，现于当

相分
见分

自证分
证自证分

性境

前（有质独影）；一转念间，又觉月中有桂树、
嫦娥等类（无质独影），是名独影境。带质境　　　独影境
者，非如性境之有实体，又非如独影境之全无
实体。主观之心，认识客观之境时，带有所托
之本质者也。例如修观之行人，返照心光，朗
若皓月（以心缘心之真带质）；或意识随眼识而
取天上明月，现于心中（以心缘境之似带质）。
是名带质境。然此皆一心转变之幻相，非实在　　带质境
也。苟心内不现其相，则心不起；反之心不起，
则心内亦不现其相。其义甚深，非亲证不易了
解。要之，前七识所缘相分，皆托第八识以为
本质；而在阿赖耶识，则本质即为自识之相分。
吾人习焉不察，执妄心妄境为实有，故终迷而
不悟耳。

第六节　三性及三无性

三性者，遍计所执性、依他起性、圆成实
性是也。遍计者，周遍计度之义；所执，指对　　遍计所执性
象而言。吾人对日常所见之事物，不知为因缘
假有之法，而执客观的事物为实有。例如黑夜
见绳，妄以为蛇。绳本非蛇，执认为是，曰遍
计所执性。依他起者，依他而起之谓。他，指　　依他起性

因缘也。一切有为之法，皆依因缘而起。因缘和合则存在，因缘分散则灭亡。例如绳必以麻为因，人工为缘而成，此因缘之假和合，似有非有，依他而起，曰依他起性。圆成实者，圆，谓圆满；成，谓成就；实者，真实：即指真如本体而言。例如绳之实质为麻，属于自性，曰圆成实性。真如本体，超越吾人思想之上，绝对不可知，仅能就其德用上圆满成就真实之义说明之。真如不生不灭，湛然常住，圆满周遍于宇宙之间。一切众生，莫不具此理性，但因幻妄之色心（依他起性），致生颠倒之梦想（遍计所执性），遂令湛寂之真如体（圆成实性）隐覆而不现。本宗目的，全在扫除遍计所执性，了悟万有之依他起性，而返认圆成实之真如本体也。在百法中，初之四位九十四法，属依他起性；无为六法，属圆成实性；于百法中，或执为有，或执为无，属遍计所执性。三性之体，不一不异，不即不离：圆成即依他之实体，遍计即依他之假相。即如蛇、绳、麻三者，形虽有别，其体则同。一切诸法，莫不具此三性，此通性也。

三无性者，就三性而说明无性之理也。一、遍计所执，概属妄境，无体无相，曰相无性。

圆成实性（旁注）

百法分配三性（旁注）

相无性（旁注）

二、依他起性之诸法，咸从因缘而生，似有非 有，曰生无性。三、圆成实性之理，乃我法二执 生无性 都空后方显，离于众相，超绝于吾人妄想之外， 曰胜义无性。是知一切法皆无自性，吾人应除 胜义无性 去妄执，而契中道之妙理也。表解如下：

```
遍计所执性——情有理无——相 无 性——妄
依 他 起 性——非有似有——生 无 性——假
圆 成 实 性——真空妙有——胜义无性——实
```

第七节　五重唯识观

本宗修证方法，有五重唯识观。盖为明心 外无境之理，分所观识体之浅深次第，乃有五 重也。第一为遣虚存实识，即遣遍计所执之虚 遣虚存实识 妄，而存依他、圆成之实有，是空有相对之唯 识观也。第二为舍滥留纯识，谓于第一重存依 舍滥留纯识 他、圆成二性，其依他识中有四分：相分属境， 恐杂滥于心外之境，故舍之；见分、自证分、 证自证分属主观的能缘之心，故留之。此心境 相对之唯识观也。第三为摄末归本识，谓第二 摄末归本识 重既舍境之杂，留心之纯，更观此心，自证分 为能变之体，即本；相见二分为从自证分变出 之用，即末。于是摄末而归于心之本体，是体

隐劣显胜识 用相对之唯识观也。第四隐劣显胜识，谓第三重虽摄末归本，而心体有心王、心所。心王为能变之主，故胜；心所为其从属，故劣。今宜隐心所之劣，而显心王之胜，此王所相对之唯遣相证性识 识观也。第五遣相证性识，谓第四重虽仅存心王，而心王具有事相与理性。事相者，依他起性；理性者，圆成实性。故必遣依他之事相，证圆成之理性，此事理相对之唯识观也。五观相唯识与性唯 中，前四为相唯识，后一为性唯识。舍一切之识 现相，而返观本体之识性，即初自粗浅之相对的观念，渐次深进，而契合绝对的真如。此乃本宗至高极妙之观法也。列表如下：

$$
\text{五重唯识观}
\begin{cases}
\text{一遣虚存实识——空有相对} \\
\text{二舍滥留纯识——心境相对} \\
\text{三摄末归本识——体用相对} \\
\text{四隐劣显胜识——王所相对}
\end{cases}\left.\vphantom{\begin{cases}1\\2\\3\\4\end{cases}}\right\}\text{相唯识} \\
\text{五遣相证性识——事理相对…性唯识}
$$

由上所述，知一切万法，不离心识；大地山河、真如妙理，咸一心所显现。此唯识之真实观也。虽有五重之次第，然实际修证，固不必重重经过，即一重之中，亦能以无漏智，悟中道理。盖本宗以转识成智为目的，即转有漏转识成智 之八识，而成无漏之四智。随缘悟入，不拘一法，此要义也。

第八节 四　　智

四智者，成所作智、妙观察智、平等性智、大圆镜智是也。行人转有漏之前五识为无漏时，所得之智慧，纯以普利有情为目的，示现种种身口意三业，成就本愿力所应作之事，曰成所作智。于第六识转有漏为无漏时，所得之智慧，即能遍观诸法之自相共相而无碍，应有情根机，自在说法，以转迷而启悟，曰妙观察智。于第七识转有漏为无漏时，所得之智慧，具平等真如之性，泯万汇差别之相，自他不二，普济一切有情，曰平等性智。于第八识转有漏为无漏时，所得之智慧，如大圆镜之光明，遍映万象，纤毫靡遗，有为、无为诸法，一切不相妨碍，曰大圆镜智。

成所作智

妙观察智

平等性智

大圆镜智

第六章　天台宗

第一节　宗　义

天台宗之由来　　陈、隋间，智者大师（名智顗）居天台山，建立此宗，因山为名。盖自北齐慧文禅师，读龙树《智度论》，至三智[注六]在一心中得，遂悟一心三观之理，为此宗之起因；以授南岳慧思，慧思传之智顗；智顗居天台山之国清寺，世称智者大师。著述甚富，弟子尤众，

天台宗之大成　　至此而天台宗遂大成。本宗以《法华经》为主，以《大智度论》解释一宗之法门，以《涅槃经》扶持《法华》，依《大品般若》立三观法，并以其他经论补助宗意。智者传章安，章安传智威，智威传惠威，惠威传玄朗，玄朗传荆溪大师湛然，代有传人，至今宗风犹振。

第二节　五　时　八　教

本宗分释迦一代所说之教为五时八教：五时者，华严时、阿含时、方等时、般若时、法华涅槃时也。八教者，化仪四教、化法四教是也。

一、华严时，佛成道之初，三七日之间，在菩提树下，为大菩萨众及大乘根机之人，说佛自证之法门，即《华严经》；然根钝者如聋如哑，多不能领解，故降而说小乘经。二、阿含时（阿含，正云阿笈多，此云教，又云无比法，谓如来之言教也），佛说华严后十二年，在十六大国，说小乘《四阿含经》（《增一阿含》，明人天因果；《长阿含》，破邪见；《中阿含》，明诸深义；《杂阿含》，明诸禅法）。从所说之经，则称阿含时；以说《阿含经》最初在鹿野苑，从所说之地，则称鹿苑时。四阿含者，佛为诱引小机而说也。三、方等时，佛说阿含后，八年之间，普应众机，并说大乘小乘；弹诃小乘，使之耻小慕大。《维摩诘所说经》《思益梵天所问经》《楞伽经》，皆此时所说也。方等者，大乘经之通名；因阿含以后，始说大乘教，故此时特用方等之名。四、般若时，方等后二十二年之

华严时

阿含时

方等时

般若时

间，说诸部《般若经》。从所说之经，则称般若时。般若示诸法皆空之理，通乎三乘。盖恐闻方等之说者，起大小别见之情执，故以一切皆空之说淘汰之也。

法华涅槃时 五、法华涅槃时，经过前四时，钝根之小机，渐次诱导成熟。故于最后八年间，说《妙法莲华经》，会三乘之旨，归于一乘。释迦出世之本怀，胥于此时披露之。更三月后，佛于入涅槃之际，一日一夜，说《大涅槃经》，故并称法华涅槃时。五时各有主旨：华严时显示之，阿含时诱引之，方等时弹诃之，般若时淘汰之，终乃引于法华，归于实义。此五时之顺序也。

八教中，化仪四教为顿、渐、秘密、不定之四种。化仪者，佛化导众生所用之仪式也。

顿教 一、顿教，对于利根之人，堪受大法者，则直施大乘之教，不必用诱引方便，如说《华严经》是。

渐教 二、渐教，对于钝根之人渐次诱引之义，故先说小乘，渐次由浅至深，诱掖开导，引入大乘，如说阿含、方等、般若是。

秘密教 三、秘密教，众生之根机，种种不同。一会之中，多人同时受教，佛以神力，同时施两样教化，或闻为顿，或闻为渐，而互不相知，故曰秘密。

不定教 四、不定教，众生于渐教之中悟顿教之理，或于顿教之中悟渐教之理，机异则所契亦异，而无一定也。
秘密、不定二种，皆属同听异闻。佛以一音说
法，因众生根性各别，故同听而异闻。秘密教
者，同席之人，彼此不相知，所得之法，亦彼
此不相知，故称人法俱不知。不定教者，所得
之法，彼此不相知，彼此之人则相知，故称人
知法不知。要之，顿渐二教，为竖之化仪；秘
密、不定，为横之化仪也。化法四教，为藏、
通、别、圆之四种。谓用前之化仪，以化益众
生之方法。古来以化仪比药方，以化法比药味。
我佛教化众生，随根机之利钝，应病与药，分
别开演种种之方法也。一、藏教，具言曰三藏　　藏教
教，小乘教之异称也。即阿含时所说因缘生
灭[注七]之四谛，明但空之理。根钝之人，由此
证二乘之小果。二、通教，盖佛对声闻、缘觉、　通教
菩萨共同说法，明无生四真谛，即空中道之理。
钝根者闻之，可通入藏教；利根者闻之，可通
入别圆二教。故名通教。三、别教，说大乘无量　别教
四谛，独为菩萨而言，不通于声闻、缘觉者也。
既异于前之藏通二教，又别于后之圆教，故名
别教。四、圆教，对于最上利根菩萨，而说大乘　圆教
无作四谛，明事理圆融之中道实相也。然此化
仪化法八教，皆为法华以前之教；法华时，众

生根机已熟，会三乘归一佛乘，故无化仪化法

法华高出八教

之差别，可谓高出八教之表也。又法华历小乘
而后趋大乘，故非顿教；然直示一佛乘之理，
亦非渐教；又说十方佛土唯有一乘之法，决非
秘密；至于草木国土，悉皆成佛，又非不定。
非顿，非渐，非秘密，非不定，此法华之所以
玄妙也。且法华与以前之圆教不同：以前之圆
教，不过别于藏、通、别三教而已；法华则摄
以前诸教，而达于圆之极，故称纯圆独妙也。

第三节　教相及观心

教相、观心二门

本宗阐发法华玄妙之教义，谓吾人心中具
十界三千之诸法。静观此心，可悟烦恼即菩提、
生死即涅槃之理。于此分为教相、观心二门：教
相依五时八教之义，开启智解。观心者，即以
此智解返求诸心也。有智解而无观心，如有目
而无足；有观心而无智解，如有足而无目。二
者相需为用，而不相离者也。天台《四教义》
云："教观因何而起？答曰：教观皆因'因缘所
生法'四句而起。（《中观论》云：'因缘所生
法，我说即是空；亦名为假名；亦名中道
义。'）'因缘所生'四句，因何而起？答曰，

'因缘所生'四句即是心，心即是诸佛不思议解
脱。"由是观之，佛法根本思想，全在自己之 佛法根本思想
心，反而求之，不待远求者也。欲明此理，须 全在自己之心
知十界十如。

第四节　十界十如

十界者，十法界之略称，即地狱、饿鬼、
畜生、修罗、人间、天上、声闻、缘觉、菩萨、
佛是也。自地狱至天上之六界，苦乐之果报虽
有不同，然皆在迷妄之境，称为六凡。自声闻 六凡
至佛之四界，虽有大小浅深之别，然同在悟境，
称为四圣。十界之名，出《华严经》。天台大师 四圣
取之，以立十界互具之义。盖十界非孤立，一
一各具十界。惟其互具，故能昨日地狱，今日
人间；今日畜生，明日如来；向上向下，辗转
无穷；迷悟升沉之理了然，解脱进取之义亦显。
故十界者，顺观则向上解脱之过程也，逆观则
向下堕落之过程也。所谓一地狱界，具余之九
界；一饿鬼界，亦具余之九界；乃至一佛界，
亦具余之九界也。试检吾人介尔一念，若自贪 一界具余九界
瞋痴所发，则三恶趣之心也；若殊胜之善所发，
则天道心也；若慈悲正智所发，则菩萨心也。

吾人心识亦具余九界

如是念念杂起之心，自具六凡四圣之相；推此心相，则吾人之心识，当然具有余之九界，亦无可疑。十界本具，悟则四圣，迷则六凡。不仅人界为然，自地狱以至于佛，亦复如此。是故堕狱之有情，若显现本具之佛性，自能脱地狱之身，而进乎妙觉果满之佛；果地究竟之佛身，亦能以本具之九界心，乘愿来入迷界，示现化他无穷之圣业。如是十界互具，则百界之义成矣。

十如是

十如者，十如是之略称。《法华经·方便品》云："佛所成就第一希有难解之法，唯佛与佛乃能究尽诸法实相，所谓诸法如是相，如是性，如是体，如是力，如是作，如是因，如是缘，如是果，如是报，如是本末究竟等。"天台大师十如之说，即据此文。"如"云不异，"是"云不非。如是者，现实之意，言诸法之当体具备相、性等十义也。相者，现于外面可见之相貌，十界苦乐之表相也；如地狱则现地狱之相，身烂血流是也。性者，存在内面自分不改之本性，十界各别之自性也；如作极恶之人，往生地狱，其性不改也。体者，主体，十界各具之体质也；如入地狱者，有受苦之体质也。力者，功能，既有主体，即有力用功能，十界各具之

潜在的势力也；如地狱众生，亦具有能动之潜
势力也。作者，造作，即力之现于作业者，十
界各具之显在的势力；如地狱众生之动作也。
因者，原因，能生十界之果之直接原因也；如
造地狱之因，即结地狱之果也。缘者，助因，
即助因生果之间接原因也。果者，即因所引生
之果，有因则必有果也。报者，自善恶业感得
之报也。本末究竟者，初之相为本；后之报为
末；究竟等，指其归宿处言之。盖相恶者报恶，
相善者报善，本末不二，究竟相等，此前九法
之一贯原理，故云如是本末究竟也。无论有情
与非情，色法与心法，一切诸法，各具此十如
是；一界各有十如，十界即有百如，是为十界
百如；更以十界互具而成百界，百界各有十如
是，是为百界千如；依此更演示一念三千之理。 　百界千如

第五节　一　念　三　千

　　一念三千者，谓十界各具十如，百界则具　　一念三千之法
千如，而千如中各有三世间，则成一念三千之　数
法数。盖三世间之名，出《大智度论》，即众生
世间、国土世间、五阴世间是也。众生世间者，
谓十界众生之正报；国土世间者，乃一切众生

依正二报之构成

之所依处，即依报；五阴世间者，为构成依正二报之要素，即吾人之身心，所谓色、受、想、行、识五蕴之法体也。色者，吾人之身体。有此身体，于是眼能见色，耳能闻声，如是等等，名之为受。受者，感觉之义。有是感觉，思想因之而起，名之为想。随所想而动身口意之三业，名之为行。于此照了分别，名之为识。故五阴世间者，众生及国土世间之通体也；众生及国土世间者，五阴世间之别相也。十界各具此通别二相，故百界为三百世间，以十如是乘之，即演为三千世间之法数。此三千诸法，综该法界森罗万象，实具于吾人一念之心。稍一动念，如思饥思渴思

理具与事造

寒思热之时，三千诸法，一一毕现于中，曰理具三千；三千诸法，所有种种差别，曰事造三千。事理无别，是一非二，乃此宗本旨，名曰事理不二。更进而述三谛圆融之理。

第六节　三　谛　圆　融

本宗对于宇宙万象，悉以三谛说明之。三

空假中三谛

谛者，一空谛，二假谛，三中谛也。天地万物，皆无自性，所谓善恶迷悟，亦不过一念偶动，现出之三千诸法耳。谁善谁恶，初无一定；但

以种种因缘，显现差别，善与恶遂判然两途。此假名之所由来也。惟假不离空，譬如明镜，光明之处为空，映入一切之相为假，镜之本体为中，即空、即假、即中，三谛互相圆融，无碍自在。质言之，即宇宙之本体曰空，其现象曰假，妙用曰中，三而一，一而三者也。《始终心要》谓三谛为天然之性德，迷此理者，谓之三惑。

三谛圆融无碍自在

第七节 三 惑

三惑者，见思惑、尘沙惑、无明惑也。见即分别，谓意根对法尘，起诸邪见，故名见惑。思即思惟，又贪染也，谓眼、耳、鼻、舌、身贪染色、声、香、味、触而起想着，故名思惑。皆不悟宇宙本体之空，妄执四大和合之身与所见闻之物以为实有，根本烦恼，因之而生。尘沙惑者，谓众生见思之数多若尘沙，乃他人分上之惑。盖不知宇宙现象之假，遍计而起者也。菩萨修行，专为化他。若令众生能断见思之惑，于菩萨即是断尘沙之惑也。无明惑者，谓于一切法无所明了，故名无明。一念不觉，顿起无明，掩覆中道，乃烦恼之根本。菩萨定慧双修，

见思惑

尘沙惑

无明惑

万行具足，最后方断。三者皆昧于空假中之理，今欲破之，不可不知一心三观之法。

第八节　一心三观

空观、假观、中观

一心三观者，以自己之一心为修观之对象，即空观、假观、中观，显三谛之理，以断三惑者也。三观非各别之物，皆具于一心之中，故曰一心三观。此三观之明，能破三惑之暗，而成三智。三智者，一切智、道种智、一切种智也。知本体之空，曰一切智；知现象之假，曰道种智；知现象即中道实相之理，曰一切种智。更由此三智而成涅槃之三德。三德者，永离生死，常住不灭，为法性之妙身，曰法身德；出迷开悟，为佛之妙智，曰般若德；离身口意三业之缚，自在无碍，为佛之妙德，曰解脱德。此三德圆融为一，本人人性中所固有，不过为三惑所障，如月之隐于层云，其光不现耳。今修观断惑，当下即证涅槃，而受菩提之妙果，生死烦恼，于自性何损哉！表示如下：

一切智
道种智
一切种智
法身德
般若德
解脱德

	三惑	三观	三智	三德	
生死烦恼	见思惑	空观	一切智	法身	
	尘沙惑	假观	道种智	般若	涅槃菩提
	无明惑	中观	一切种智	解脱	

第七章　华严宗

第一节　宗　义

华严宗依《华严经》而成立。昔释迦牟尼佛，在菩提树下，初悟法界真理，于是本其自心证得者，宣说以示人，即为《华严经》。其理过于高深，听者如聋如哑，莫测其际，知其解者，仅有诸大菩萨耳。其根本要义，见《如来出现品》"尔时，如来以无障碍清净之智眼，普观一切众生，而作是言：奇哉！奇哉！此诸众生，云何具有如来智慧，愚痴迷惑，不知不见？我将教以圣道，使其永离妄想执着，于自身中得见如来广大智慧，与佛无异。即使后之众生，修习圣道，离诸妄想；妄想离已，证得如来无量智慧"云云。盖吾人同具有如来智慧，只以妄想执着，不能自知自见，于此使之证得，即本宗之要义也。此经梵本，相传有十万偈。东晋佛陀跋陀罗首先翻译入中国者，只三万六千

《华严经》之由来

华严宗之要义

六十华严

偈（共六十卷，称《六十华严》）。唐杜顺和尚，依此经作《法界观》，以周遍含容之理，显事事无碍之境，为此宗初祖。继其道者，云华智俨，至贤首国师，依之总判一代时教，为三时五教。组织完密，遂称大成。迨唐实叉难陀新译华严四万五千偈出，共八十卷，称《八十华严》。清凉国师，依之作《悬谈》《疏钞》，总抉大小性相，博大精深，于是华严之奥义，如日丽中天矣。

八十华严

第二节 三 时 五 教

本宗判佛一代时教为三时五教：三时者，日出先照时、日升转照时、日没还照时也。五教者，小教、始教、终教、顿教、圆教也。先照时，如日初出，先照高山；喻佛初成道，即说《华严》，以别圆一乘，称性极谈，无尽理事，重重交遍，互入而不相碍，名无上根本法轮。转照时，如日初转，次照黑山；喻佛转说《阿含》，惟谈生灭小教。如日中转，次照高原；喻佛谈方广，虽遍谈空有四门，而正说缘起之相，及无性之空，故属始终二教。如日后转，普照大地；喻佛说般若，虽说一切法空，而其密意

先照时

转照时

所归，实在双遮空有之离言现量境，故属顿教。此三会皆从无尽缘起中偏说一分，故总名依本起末法轮。还照时，如日将没，还照高山；喻佛在法华会中，说一切众生皆可作佛，三乘同归一乘，故名摄末归本法轮。　　　^{还照时}

　　小教，指小乘教而言，佛为劣等小机所说　　　^{小教}之教。因其但知生空（即我空）之理，不知法空之理，故称愚法小乘教；即《阿含经》、《俱舍》《成实》等论是也。始教者，大乘初门之教　　　^{始教}也。有相始教、空始教之别：相始教者，广立五位百法，示诸法之性相，事相隔历，互不相融；又主张五性^[注八]各别，不说一切皆成佛之义；如《解深密经》及《瑜伽》《唯识》等论是也。空始教者，虽说真空无相之理，除有所得之迷执，尚未开显大乘深妙之理；如《般若经》及《中观论》等所说是也。终教者，大乘终极之　　　^{终教}教，立真如缘起说，而明事理互融，说一切皆成佛之旨；如《楞伽》《胜鬘》等经及《起信》诸论是也。顿教者，疾速顿悟之教也。现前一　　　^{顿教}念之妄想不起，即顿悟成佛，直揭真性之妙理，更不立断恶证善之阶位；如《维摩经》所说之不二法门是也。圆教者，谓玄妙之理圆满具足，　　　^{圆教}此即一乘教也。其间有同教一乘、别教一乘之分：如《法华》与他经相同，说三乘之义，以显一乘之妙，由渐入者，曰同教一乘；如《华严》与他经全别，直说一乘，由顿入者，曰别教一乘。表示如下：

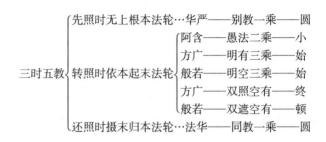

第三节　十　宗

小乘六宗　　　　本宗分大小乘为十宗：一、我法俱有宗，谓人我与法俱为实有；如人天教，及小乘中之犊子部、法上部、贤胄部、正量部、密林山部等是也。二、法有我无宗，谓法体实有，而人我则无；如小乘中之萨婆多部、上座部、多闻部等是也。三、法无去来宗，谓人我是空，即法亦只现在有体，过去、未来体用俱无；如小乘中之大众部、鸡胤部、制多山部、西山住部、北山住部、法藏部、饮光部等是也。四、现通假实宗，谓不但过去、未来无有法体，即现在之法，亦有假有实，此渐近于法空之说；如小乘之说假部是也。五、俗妄真实宗，谓世俗之法皆为虚妄，出世之法则为真实；如小乘中之说出世部是也。六、诸法但名宗，谓世间出世间诸法，但有假名，俱无实体；如小乘中之一说部是也。七、一切皆空宗，由小乘进于大乘，而谓一切诸法皆空者，此大乘之始教，如三论、法相二宗是也。八、真德不空宗，谓真如有不变之实德，而自体不空，具恒沙无量之法，此大乘之终教，如天台宗是也。九、相想俱绝宗，谓所缘之相与能缘之想，二者俱绝，不可说亦不可念，此大乘之顿教，如禅宗是也。十、圆明具德宗，圆满明朗，曰圆明；法性之上，具有森罗万象之妙德，曰具德。此大乘之圆教，如华严宗是也。表示如下：

大乘四宗

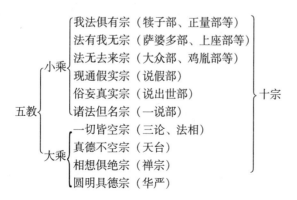

第四节　四　法　界

一真法界　　　　　　　釋迦道成之初，心水湛然，圆融自在，恰
似大海之水，当澄清时，涵照天际万象，了如
指掌，名曰一真法界。法界者，宇宙万法所现
之境界也。万法为一心所缘起，仍统摄此万法
于一心，互为主伴，相应无穷。考其状态，略
有四端：一、事法界，二、理法界，三、理事无
碍法界，四、事事无碍法界也。吾人日常所见，
如水之为水，火之为火，固各有差别之相；即
同一之水，而或为冰，或为汤，其事之界画，
事法界　　　　亦至分明，不相混合，曰事法界。真如法性之
理，不增不减，平等一如，佛与众生，悉皆平
理法界　　　　等，如水与冰与汤，其相虽异，而湿性则一，
曰理法界。夫真如之理，莫不毕现于万法
（事），故事即此理，理即此事，亦如水即此波，
理事无碍法界　　波即此水，理与事固相融而无碍者也，曰理事
无碍法界。宇宙万象，同为一法性之所显现，
理与事既无碍，则事与事亦自圆融无碍，曰事
事事无碍法界　　事无碍法界。经云，观见如来之一毛孔，一切
众生悉入其中，众生亦无往来之相。其相融相
即，圆融无碍之相，可以想见。此《华严》之

特色也。兹更以十玄六相，分别说明之。

第五节 十 玄 缘 起

十玄缘起，出于第二祖智俨《华严一乘十玄门》。夫真如法界，随缘转动，而成差别之诸法；诸法复各各缘起，圆融无碍。显此法门，曰十玄缘起无碍门，盖详说事事无碍者也。一、同时具足相应门。此一门为十玄之总说，余九门为别说，即万有亘乎时间、空间，相即相入，有缘起一体之关系。过、现、未三世之现象，必同时相应：过去具足未来、现在，现在、未来亦互相具足，无前后始终之别。此具足相应，毕竟为一体之关系，而缘起显现者也。如金与狮子，同时成立，金为体，狮子为用，体用相即，而圆满具足；又如水一滴，而具百川之味也。二、一多相容不同门。此言万有异体相入之关系。自万有之作用言，则自他互相容受：一中有多，多中有一，一多相入，毫无妨碍。其体不同，而一多之相不失。如金与狮子，相容成立；又如一室千灯，光光涉入：皆一多相容而无碍者也。三、诸法相即自在门。此言万有同体相即之关系。万有之体，亦空有相即：一尘摄一切

同时具足相应门

一多相容不同门

诸法相即自在门

法，一切法亦摄一尘。如狮子诸根，一一毛端，各得收尽狮子全体；即眼耳鼻等，同此金体，眼即耳，耳即鼻，诸根相即，亦自在圆融也。

因陀罗网境界门 四、因陀罗网境界门。万有相入相即，不止一重，此更示重重无尽之义。因陀罗者，帝释天（六欲天之第二天）也。其装饰宫殿之宝网，曰因陀罗网。此网悬无数之明珠，一珠之中，有其余一切之珠影；余一切之珠中，亦现他珠之影；互相映现，即为一重累现。其映于珠之珠影中，更现其他无数之影，影中互相映现，即为第二重累现。如是珠影相映，三重累现，四重累现，乃至重重无尽。即可喻宇宙事事物物，相即相入，重重无尽之义也。

微细相容安立门 五、微细相容安立门。事物虽互相圆融，然一仍显一，多乃显多，其相不坏。所谓芥子容须弥，一微尘收大千世界，相容安立，分明显现者也。如玻璃瓶中，盛多数芥子，其一一芥子，莫不各现其形也。

秘密隐显俱成门 六、秘密隐显俱成门。隐者里面，显者表面，俱时成就，其理甚深，故曰秘密。就一多相即相入之理言，若一是表面，则多为里面，多是表面，则一为里面，互成隐显。又就相即相入言之，若用之相入显，则体之相即隐；体之相即显，则用之相入隐。正如表里两面，而成隐显一体，故曰俱成。如前喻金狮，见狮则金隐，见金则狮隐，隐显同时而无前后者，宇宙之状态也。七、诸藏纯杂具德门。一切诸法，互相摄藏，故云诸藏；又能出生果德，曰具德。诸法融成一法谓之纯，一法中具一切法谓之杂，纯杂混和，同时具足而无碍，曰纯杂具德。此示空间之相即相入纯杂无碍也。八、十世隔法异成门。过去、现在、未来为三世，一世复各有三世，故为九世。此九世相即相入，总为一世。合此别九世、总一世为十世。然虽分世，而现在之法，自过去之法而生；未来之法，由现在之法而出。过、现、未，不过时间的差别，其实互相关联而不相离，长短无碍，念劫融即；虽念劫融即，而不失长短前后之差别，故曰异成。此示时间相即相入之缘起一体也。九、唯心回转善成门。万有之相即相入，遍乎九世十世而具足显现，皆如来藏自性清净之所转变。离如来藏心，别无自性。或善或恶，悉随心所转，故云回转善成；心外无别境，故云唯心。如金与狮子，隐显一多，各无自性，由心而回转也。十、托事显法生解门。上来所举相即相入、事事无碍法门，幽玄深邃，殆难了解，故托于事物，使之现前认识，除现前事物外，别无所显之法

诸藏纯杂具德门

十世隔法异成门

唯心回转善成门

托事显法生解门

门也。故一事一物，直具无尽之法，所托之事相，即所显之无碍法门。如一华一果一枝一叶，悉是甚深微妙之法，托事显法，而使之生解也。

以上十玄门，可谓具备一切万有之法门。事事物物，相即相入，无碍自在，而差别之相，历然分明。虽有差别，实具重重无尽缘起一体之关系。故观一微尘，可举法界而全收之，法界亦悉摄一微尘。事事无碍，玄妙不可思议，故称十玄门。

第六节　六　相　圆　融

六相之由来　　　十玄缘起，义理深妙，难于了知，故复显示六相圆融之法门，以与十玄相互发明。六相之义，出《华严经》，世亲之《十地论》阐发之，智俨法师更发挥其妙旨。一、总相，谓一含总相　　　多德，故虽一尘之微，亦含藏法界诸法；喻如集梁、柱、瓦、石等而成屋舍也。二、别相，谓别相　　　多德非一，一切诸法，具有色心等之别；喻如屋舍，其中柱自柱、壁自壁，各有别相，不能同相　　　混同也。三、同相，谓事物虽有多义，而同成一总，法界之诸法，虽各有别相，而能互以力用

调和，成为一体；喻如梁、柱、瓦、石等互相

合而成一屋也。四、异相，谓多义相望而各异　　异相

也。差别之诸法，能调和而成一体，然仍不失

其各部分之特质，故云别异；喻如梁、柱、瓦、

石等各异其形类作用也。五、成相，谓由此诸义　　成相

而成缘起，即部分相依而成全体；喻如梁、柱、

瓦、石等相依而成一屋舍也。六、坏相，谓诸义　　坏相

各住自法而不可移动；喻如柱自柱、壁自壁，

各有所住，则屋舍之相坏矣。要之，六相者，

对一物而为六方面之观察也。总、别，指诸法

之体；同、异，指诸法之相；成、坏，指缘起

之用。总、同、成三者，由平等之上立名，即　　圆融门与行布

圆融门；别、异、坏三者，由差别之上立名，　　门

即行布门。但此六相，离总无别，离同无异，

离成无坏；平等与差别，相即相入，圆融无碍。

故行布即圆融，圆融即行布，名曰六相圆融。

一切诸法，各具有此六相，法法具足十玄，无

尽缘起之妙用毕具于此已。表示如下：

$$
\text{六相圆融}\begin{cases}
\text{体（第一对）}\begin{cases}\text{总——平等（圆融门）}\\\text{别——差别（行布门）}\end{cases}\\
\text{相（第二对）}\begin{cases}\text{同——平等（圆融门）}\\\text{异——差别（行布门）}\end{cases}\\
\text{用（第三对）}\begin{cases}\text{成——平等（圆融门）}\\\text{坏——差别（行布门）}\end{cases}
\end{cases}
$$

第七节　法　界　观

法界观所依之
体

　　本宗初祖杜顺和尚，依《华严经》创立观门，名法界观。法界观者，即依四法界为体，而成立之观行也。自一心之本体而缘起现前诸法者，总称法界。圭峰宗密《〈法界观门〉（杜顺著）注》云：“统唯一真法界，谓总该万有，即是一心；然心融万有，便成四种法界：一、事法界。界是分义，一一差别，有分齐故。二、理法界。界是性义，无尽事法，同一性故。三、理事无碍法界。具性分义，性分无碍故。四、事事无碍法界。一切分齐事法，一一如性融通，重重无尽故。”今修观行，唯对能观之智，以立观门，故除事法界，而唯依后三界。盖因法界事不孤立，若就事作观，即是情计之境，非观智之境，故不取之。于是依理法界，建真空观；依理事无碍法界，建理事无碍观；依事事无碍法界，建周遍含容观。

法界观唯依后
三界

真空观

　　真空观者，言观诸法无自性，举体即是真空；非灭色明空，如外道断灭后归于太虚，小乘断灭后归于偏空涅槃，方谓之空；亦非离色明空，如墙处不空，墙外是空，空在色外也。

所谓真空者，谓色举体不异空，空举体不异色，色即空，空即色，了无障碍，并此即色即空之名，亦皆不立。心与境冥，冥心遗智，非言所及，非解所到，此真空观之行境也。理事无碍观者，前之真空观，虽显真如之理，未尽真如之妙用，未达于理事无碍，今事与理炳然双融，故得此观名也。修此观时，观理遍于事，虽一微尘，其中亦含摄无边真理。后观事遍于理，以事无体，还如理而显，是故一尘不坏，而周遍法界。以喻明之，理如海，事如波，海虽大而现于一波之中，水之湿性不减，故大海可遍于波；波虽小，而同时可以周匝于大海，而波之相不失，故小波可遍于大海。故举理即全事在其中，举事即全理在其中，同时顿起，举一全收，冥心深思，令观行明现，是理事圆融无碍之行境也。周遍含容观者，谓一一事，皆如理而融，周遍含摄，彼此涉入，重重无碍而自在也。若唯就事言，则彼此相碍；若唯就理言，则无可相碍。今以理融事，事即无碍，故云一一事皆如理而融。理含万有，唯虚空略可喻之；虚空溥遍一切，即周遍义；包含无外，即含摄义。故事事能遍能摄，彼此涉入而无碍也。修此观者，观真理即在千差万别之事相中，历然

理事无碍观

周遍含容观

显现；如真金铸成佛菩萨像，真金与像，同时无分毫之隐，不同于真空观，以理夺事，唯以理现也。又观千差万别之事，与理非异；一一事法，皆随理而圆遍，遂令一微尘溥遍法界。由是事相之大小、多少、广狭互相涉入，重重无碍。令此观行，圆明显现，深入一真法界，此则由理事无碍观更进一步之观行也。

第八章 律宗

第一节 宗 义

佛在世时，以佛为师，佛灭度后，以戒为师。戒律，实为佛教之法典也。戒有大小乘之别：大乘则宗《梵网戒本》等，小乘则宗《十诵》《四分》等。唐道宣律师，盛宏此宗，著述颇富，时人称为南山宗。明末金陵有古心律师，重兴此宗；其子孙三昧、见月两律师继起，创戒坛于宝华山，专以此法轨范僧徒。至今南北大丛林之传戒，罔不遵宝华之戒法云。

> 戒为佛教之法典

> 南山宗

> 宝华山重兴此宗

第二节 分 部

律为三藏之一，优波离尊者所集，经时九旬，升座诵读凡八十度，名《八十诵律》，此根本律藏也。后百余年，异说竞鸣，分为二部、五部、十八部乃至五百部之多。二部者，上座

> 根本律藏

> 分部之由来

部及大众部也。五部者，一、萨婆多部，即《十诵律》；二、昙无德部，即《四分律》；三、大众部，即《僧祇律》；四、弥沙塞部，即《五分律》；五、迦叶遗部，即《解脱律》。十八部者，即于小乘二十部中，除去上座、大众二部也。五百部者，《智度论》云，佛灭度后，有五百之异部，其详不得而闻。迨传至中国，只余五部中之四部。迦叶遗部，因单传戒本，流通未广，早经散失。此外有《毗尼母论》《摩得勒迦论》

四律五论 《善见论》《萨婆多论》《明了论》。所谓四律五论是也。其流传于后代，则仅《四分律》而已。

第三节　《四分律》所以独盛之故

律之传入中国 曹魏时，昙摩诃罗（法时）首传《僧祇律》入中国。姚秦时，鸠摩罗什译出《十诵律》及《梵网经》（大乘律）。刘宋时，佛陀耶舍译《四分律》。至唐代智首律师，作《五部区分

《四分律》之 钞》。其弟子终南山道宣，体察众生机缘，以
应机 《四分律》最为适合，乃明其戒体，立其戒相，是为律藏统一之始。此外有相部之法砺，东塔之怀素，与南山并峙，时称律之三家而终不敌南山之盛。良以南山一宗，能调和大小二乘解

行相应故也。

第四节 止持及作持

戒律为大小乘之通说，总括之为止持及作持二门。过去七佛[注九]之偈云："诸恶莫作，众善奉行，自净其意，是诸佛教。"诸恶莫作，是止持；众善奉行，是作持。故一切戒律，二持可以摄尽之。止持门有比丘、比丘尼二部戒本，名具足戒。比丘戒凡二百五十，分为八段：一、波罗夷，译为断头，若犯此者，如杀人之极重罪也。有杀、盗、淫、妄四戒。二、僧残，犯此者，恰如将受死刑，仅余残命，必待僧众行忏悔法而救其残命也。有粗语、触女人等十三戒。三、不定，谓有无犯戒，不能明确，如与女子对坐之嫌疑罪也。有屏处、露处之二戒。四、舍堕，谓犯罪品物，悉应舍离，以忏悔堕罪。堕者，犯罪应堕地狱也。有三十戒，大都关于衣服、什物之限制也。五、单堕，谓不必舍离财物，单忏悔堕狱罪也。有小妄语、两舌等九十戒。六、提舍尼，译为说罪，谓可自己披露其罪，向他人忏悔也。有兰若、受食等四戒。七、众学，谓易犯之轻罪，为比丘者，常应学而

止作二门

比丘二百五十戒

五篇之区分

知之也；有戏笑、跳行等百戒。八、灭净，谓灭息诤论也；有现前、忆念等七戒。以上八段，分为五篇，列表如下：

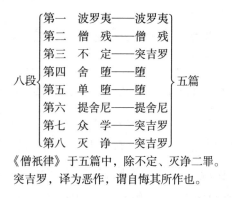

《僧祇律》于五篇中，除不定、灭净二罪。
突吉罗，译为恶作，谓自悔其所作也。

六聚及七聚

五篇及以外诸罪，又以六聚七聚统括之，列表如下：

五篇	波罗夷	波罗夷	七聚
	僧 残	僧 残	
	堕	堕	
	提 尼	提舍尼	
	突吉罗（篇内吉）	恶作 恶说	
篇外	与吉不适当之因果罪（五篇外吉外一切因果）	偷兰遮	
	与吉适当之因果罪（及余一切因果吉罪）	恶作 恶说	

六聚者，于五篇外加偷兰遮，以收五篇以外之罪也。偷兰遮，译言大过。

七聚者，以突吉罗之罪聚过多，由身口二业，分为恶作、恶说也。

比丘尼三百四

比丘尼戒，与比丘戒互有出入，而除去不

定一段，分为七段：一、波罗夷，有八戒。 十八戒
二、僧残，有十七戒。三、舍堕，有三十戒。
四、单堕，有一百七十八戒。五、提舍尼，有八
戒。六、众学，有一百戒。七、灭诤，有七戒。
共三百四十八戒。

　　以上所谓止持门也。至作持门，有二十犍 二十犍度
度。犍度者，译为部分，古来译为品，或译聚。
一、受戒，谓受戒之作法也。二、说戒，梵语称
布萨，谓每半月僧众相集说戒，而行忏悔犯戒
之作法也。三、安居，自四月十六日至七月十五
日凡九十日，为印度夏季之雨期，此时安居修
道之作法也。四、自恣，于安居之末日，众僧自
由举发他罪，使互相反省之作法也。五、皮革，
谓在边僻国土，用皮革为卧具器物之作法也。
六、衣，比丘所着三衣[注十]之作法也。七、药，
关于食事之作法，律家以药为食之总名。八、迦
缔那衣，功德衣之作法也。迦缔那，译言坚实，
安居之行圆满，得受檀越供养之功德衣也。
九、拘睒弥，佛于拘睒弥城所定制止比丘诤斗之
法也。十、瞻波，佛于瞻波城所说待遇客比丘之
作法也。十一、呵责，谓呵责治罚之法也。十
二、人，谓忏悔受戒等之人数也。十三、覆藏，
谓治罚覆藏犯罪之法也。十四、遮，谓禁止犯罪

者，不许入僧中也。十五、破僧，破和合僧也。十六、灭诤，七种^[注十一]之灭诤法也。十七、尼，比丘尼之行事也。十八、法，比丘之威仪作法也。十九、房舍，僧房之作法也。二十、杂，谓其他种种之杂作法也。

是止持、作持，虽分二门，实互相为用。止中有作，作中有止，不可偏废，就其大者而分之耳。

第五节 通戒及别戒

通戒有三

戒有通戒、别戒之二种。通戒即三聚净戒：一、摄律仪戒，二、摄善法戒，三、摄众生戒是也。以摄律仪戒抑止一切之恶，以摄善法戒积集一切之善，即止持、作持之义，属自利行。摄众生戒，亦称饶益有情戒，慈、悲、喜、舍，济度一切众生，属利他行。别戒即僧尼戒，其

别戒无量

量无限，曰具足戒。前说之二百五十及三百四十八，不过佛在世时，随比丘等实地犯罪之缘，而制定之条款耳。以外未经发现之戒条尚多，故比丘、比丘尼戒，其量各有广、中、略之三重。比丘之三重，广则无量；中则三千威仪，六万细行；略则二百五十戒也。比丘尼之三重，

广则无量；中则八万威仪，十二万细行；略则
三百四十八戒也。《涅槃经》云，比丘尼戒，倍
于比丘戒，有五百之多。此则仅存其目，而无
戒相耳。《四分律行事钞》（唐道宣撰）云："约
境明相，戒则无量，且列二百五十，为持犯纲
领。"尼戒亦然。故具足戒云者，其量等于虚
空，其境遍于法界，一行一律，无不具足，不
得以数量限之也。

第六节　四位五类及七众

戒律有五戒、八戒、十戒、六法之别，乃
择具足戒中之切要条件，以应受戒者之根机，
而使之进于具足戒也。五戒者，一、不杀生；　五戒
二、不偷盗；三、不邪淫；四、不妄语；五、不
饮酒。前四是自性罪，名性戒；后一是遮制，
名遮戒。

八斋戒[注十二] 者，前五同上，但改邪淫为　八斋戒
不淫。六、花鬘璎珞及香油涂身戒；七、歌舞观
听戒；八、高广大床戒；九、非时食戒。前八是
戒，第九是斋，斋、戒合数，乃有九也。十戒　十戒
者，前九同上；第十，捉金银宝戒。六法者，　六法
一、不杀畜生；二、不盗三钱；三、不摩触；四、

四位

五类

出家五众、在家二众

不小妄语；五、不饮酒；六、非时食。以上五、八、十戒，合具足戒，谓之四位。再加六法，曰五类。七众者，一、比丘；二、比丘尼。二者受具足戒。三、式叉摩那，译为学法女，或正学女，受六法。四、沙弥；五、沙弥尼。沙弥译为勤策，出家之男女，修行尚未纯熟者。二者受十戒。六、优婆塞；七、优婆夷。译言信男、信女，乃在家之修行者也。二者受五戒。其中式叉摩那、沙弥、沙弥尼，戒相标数，虽为六法十戒，然护持严正，仍与具足戒无异。八斋戒，乃以在家众受出家戒也。凡戒中有不淫戒者，即出家戒，否则为在家戒。列表如下：

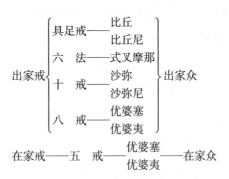

第七节　四　　科

戒有四科：一、戒法；二、戒体；三、戒行；

四、戒相。戒法者，即佛所制定之戒律，如不 戒法
杀、不盗、不淫之类是。戒体者，谓受戒者心 戒体
中取得防恶功能之体性也。此戒体有色、心及
非色非心之三说：萨婆多部谓为无表色，《成实
论》谓为非色非心法，法相宗谓为思心所之种
子。本宗依《成实论》，取非色非心为戒体。戒 戒行
行者，谓随顺戒体，现于身、口、意三业之如
法动作也。戒相者，即持戒之相，谓行者美德 戒相
外显，足为他人之轨范也。一切诸戒，咸具四
科，相关而非独立。如佛制定之戒法；受之者
即于自身得无作之戒体；随顺戒体，现于三业
之动作，而戒行以立；由持戒而显于外之威仪，
即戒相也。

第八节　五义及二教

《四分律》为大乘，为小乘，诸家判论不 《四分律》通
同。慧光律师谓为大乘，法砺、玄恽等师谓为 大乘有五义
小乘。而南山大师，则以《四分》宗位属小乘，
义实分通大乘，略有五义：一、沓婆回心，谓沓
婆罗汉，厌弃小乘，忻求佛乘也。回小向大，
绝非纯然小乘之所有。二、施生成佛，谓施一切
众生，皆共成佛道也。自利利他，其义亦通大

乘。三、识了尘境，小乘有部，以根见为正义；今谓眼识能见，耳识能闻，乃至意识能知，即以识见为义，亦属大乘也。四、相召佛子，小乘戒称比丘，大乘律则呼佛子。本宗戒本有云"如是诸佛子"及"佛子亦如是"者，盖欲令比丘归于佛乘，正大乘义也。五、舍财用轻，如人忏悔三十舍堕之罪，须舍其财物于僧众，称为还财；更由僧众还于本人，彼若不还，亦只定为突吉罗之轻罪。是由本人有舍财之决心，亦显大乘之弘愿也。故此五义，皆通大乘。

化制二教　　本宗判佛一代时教为化制二教：化教者，随机化益众生之教，即经论二藏所诠之定慧法门也。制教者，佛制止弟子之过非，即律藏所诠之戒学也。律宗以戒为主，属制教部。盖三学之中，以戒为首。戒行清净，定慧自然发生。教先持戒，以制三业之邪非，然后以定慧伏断烦恼也。昔释迦佛临涅槃时，谆谆以持戒嘱诸弟子，谓为最后之教训。盖唯戒行精纯，方可证无上正道，此学佛之不二法门也。

第九章　禅宗

第一节　教外别传

佛教分显密二教，真言宗外，皆属显教。显教又分为二：一曰教；二曰禅。教者，依据佛说之经典以立教也。禅者，以心传心，直指人心，见性成佛，教外别传也。谓一切经典，不过如标月之指；至真理之月，则非文字言语可得而显。故于经论外，直以佛祖之心印为单传，故称教外别传。但禅亦有多种，如脱人间之苦，思天上之乐，为外道禅；悟我空之理，离生死之苦，空空寂寂，灰身灭智，为小乘禅；悟我法二空之真理，为大乘禅；知我心本来清净，无迷悟，无烦恼，此心即佛，不待外求，为最上乘禅。禅宗，即最上乘禅也。故三学（戒、定、慧）、六度（布施、持戒、忍辱、精进、禅定、智慧），一切万行，尽摄其中。向上一路，千圣不传，是达摩门下特有之禅理也。

教与禅之分

所以名教外别传

禅宗即最上乘禅

第二节　源　流

正法眼藏　　　　《大梵天问佛决疑经》：佛在灵山会上，大梵天（初禅第三天）捧金色莲华，请佛说法。佛只拈花，不说一句。一会大众，不知佛意，群皆默然。独摩诃迦叶微笑。佛言："吾有正法眼藏、涅槃妙心，付嘱汝摩诃迦叶。"正法眼藏、涅槃妙心者，即悟宇宙妙理之妙心也。以心传心，不依经文，亦不排斥经文，不过不执着文字耳。释迦后二十八代，达摩祖师东来，禅宗之成立　大宏此法，称曰禅宗。其心印传之慧可；次僧璨，次道信，次弘忍，即达摩之后五代，称为五祖。门下有神秀与慧能。五祖尝命其门人各依所解造偈，以觇造诣。神秀造偈曰："身如菩提树，心如明镜台，时时勤拂拭，勿使惹尘埃。"众多叹服。适慧能自碓房出，闻之，乃易其偈曰："菩提本非树，明镜亦非台，本来无一物，何处惹尘埃。"其见性较神秀高，五祖遂传法于慧能，是名六祖。禅宗由此分南北二派：神北渐南顿　秀一派，渐次修行，行于北方，曰北渐；慧能一派，全在顿悟，行于南方，为南顿。厥后南派又分许多支派，最著有临济、云门、曹洞、

沩仰、法眼五宗。自宋以来，临济独盛，以迄
于今，南北大丛林，多数皆临济宗之子孙也。

第三节 禅　　法

本宗以禅定为主，关于禅定之法门，宜略
述之。其中有调身法、调心法二种：调身法者，
选择净室，节制饮食，从手足五官之姿势以至
呼吸长短等，皆有一定之行法。调心法者，谓
不思量之心境，即超越一切心思识量，不思恶，
不思善，脱却迷悟生死之念，达到安住不动之
地，所谓言语道断、心行处灭之境界也。以上
二法，谓之坐禅；然临济宗盛行之法门，则曰
参话头，即抱定一句话头，如"念佛是谁"或
"父母未生我以前之本来面目"之类，行、住、
坐、卧，真参实究，一旦豁然，即能悟道。今
日南北大丛林之禅堂皆用此法门。

调身、调心二法

坐禅与参禅

第四节 悟道境界

修禅悟道之境界如何？此吾人所急欲知者
也。当禅定工夫渐纯，不起知情意之作用，一
时杂念，自然消失，气息亦几于断绝。是时一

所谓悟道境界　片光明，内不见身心，外不见世界，是为悟道境界。然悟后更宜加功，其境界难以笔墨形容。昔人自言其学道境界云：二十年前，见山是山，见水是水，此言未悟时之妄心分别也；二十年后，见山不是山，见水不是水，此言初悟时，但见道心，不见外物也；及大悟时，山还是山，水还是水，心境两忘，了无执着，此即无碍自在之境界也。

禅法通于各宗　　本宗在佛教中，别具一种特色，固已。然禅法实通于各宗，如三论宗之八不中道观，法相宗之五重唯识观，天台之一心三观，华严之法界观，无非禅也。不过禅宗之直指心性，与他宗方法略异耳。要之，禅宗不立文字，在行人心中，自知自得，扫除妄念之云，自见真如

本来面目　　之月，则成佛一事，不待外求，禅语谓之"本来面目"，又曰"本地风光"。从此安住不生不灭之乐地，而见性成佛之能事毕矣。

第十章　净土宗

第一节　宗　义

禅宗教人真实参究，积久开悟，其中歧途至多，全凭自力，为难行门。净土宗教人发愿往生西方极乐世界，一心念阿弥陀佛，回向净土，即得往生，全凭他力，为易行门。释迦应末世之根机，开此直捷法门。然究其原理，澈上澈下，无所不该，菩萨成佛，悉由斯道。普贤、善财、龙树、马鸣，其先导也。昔释迦劝其父王行念佛三昧，称是功德有无量深妙境界，不可思议，为一切三昧中王，是岂可以易行而忽之耶？本宗主要经典，有三经一论：三经者，《无量寿经》《观无量寿经》《阿弥陀经》；一论者，天亲菩萨之《往生论》是也。此外《华严》《法华》等经，《起信》《宝性》等论，亦为所据之典。我国东晋时之慧远，创莲社于庐山，始开念佛法门。其后昙鸾、道绰、善导三师，

难行门、易行门

三经一论

慧远始创念佛法门

次第相承，此宗遂盛。宋之永明寿禅师，明之莲池大师，皆著名之宗匠也。本宗于理论之外，独重实行，所谓信、愿、行三者，缺一不可。此修持法，于上、中、下三根皆宜，至今普遍于我国一般社会焉。

第二节　弥　陀　行　愿

阿弥陀佛之名义

四十八愿

阿弥陀为无量寿、无量光之义。此佛在无量劫前，身为国王，闻自在王佛说法，遂舍国土，弃王位，而为沙门，名曰法藏。悯念三界众生，沉沦苦海，发四十八愿，誓度众生，其中尤以第二十七、二十九、三十、三十四之四愿为最切。第二十七愿曰："愿十方无数世界，诸天人民，有发菩提心，奉持斋戒，行六波罗密，修诸功德，至心发愿，欲生我国；临寿终时，我与大众，现其人前，引至来生，作不退转地菩萨。不得是愿，终不成佛。"第二十九愿曰："愿十方无数世界，诸天人民，至心信乐，欲生我国；十声念我名号，必遂来生。惟除五逆（杀父、杀母、杀阿罗汉、出佛身血、破和合僧），诽谤正法。不得是愿，终不作佛。"第三十愿曰："愿十方无数世界，诸天人民，以至蜎飞蠕动之类，前世作恶，闻我名号，即忏悔为善，奉持经戒，愿生我国，寿终不经恶道，径遂来生，一切所欲，无不如意。不得是愿，终不作佛。"第三十四愿曰："愿我刹土之人，欲生他方者，如其所愿，不复坠于恶道。不得是愿，终不作佛。"观此四愿，知凡人能持戒修行，发愿往生者，即得为不退转地菩萨；至心信乐，念佛名号者，即得往生佛土；乃至闻佛名号，不问何道，即得忏悔为善，发愿往生；已经往生者，亦得发愿往生他土，随缘度生。其愿力之弘大如此。以外四十四愿，多系发挥往生后之福德神通，及佛土之殊胜、佛法之广大者，详见《无量寿经》。

第三节　净　土

净土，对于吾人所居之秽土而言，即西方极乐国土也。净土之胜妙，《阿弥陀经》《无量寿经》中详言之。在理论上，净土即为佛心所证之真如本体；又净为心，土为境，净土者，心境不二之别名也。净土有四种：一、凡圣同居土；二、方便有余土；三、实报无障碍土；四、常寂光土是也。凡夫、圣人杂居之国土，曰

净土之意义

四种净土

同居土。此有净秽之别：同居之秽土，则荆棘瓦砾，充满不净，即吾人所居之娑婆（秽恶之义）世界也。同居之净土，即阿弥陀佛所居之极乐世界也。二乘三贤，修方便道，断见思惑，离三界内之分段生死（分即分限，段即形段，谓六道众生，随业感果报，身则有长有短，命则有寿有夭，而皆流转于生死，故名分段生死），往生之国土，在三界之外，曰方便有余土。菩萨行真实法，契中道理，感得色心无障碍之胜报，所居之土，曰实报无障碍土。常寂光土者，常者，本有常住之义；寂者，理体之寂相；光者，智慧之照相；土者，所依之义。乃诸佛之所居，即真如佛性，非身非土，而说身土，是为妙觉圆满之极果，亦名大涅槃。以上四土之中，前三指事相，就修立名；后一指理体，就性立名。要之，有身必有土，随业感之不同，而国土即异其色相。故本宗教人专心念佛，发愿往生，感应道交，自然临终能见阿弥陀佛，接引西方，即心即佛，有不可思议之妙用也。

第四节　信　愿　行

信愿行三者

信、愿、行三者，为修净土之要诀。非信

无以启愿，非愿无以导行，非行不足满所愿、不可缺一
证所信，三者不可缺一也。信则信自信他；愿
则厌离娑婆，欣求极乐；行则执持名号，一心
不乱。信自者，吾人现前一念之心，本无边际，
十方虚空微尘国土，元我一念心中所现之物。
我虽迷惑颠倒，苟一念回心，自心本具极乐，
决定得生，更无疑虑，是名信自。信他者，释
迦如来决无诳语，弥陀世尊决无虚愿，随顺诸
佛真实教诲，决志求生，更无疑惑，是名信他。
既已生信，即当发愿往生。娑婆之秽，即自心次信明愿
所感之秽，理应厌离；极乐之净，即自心所感
之净，理应欣求。故于佛前，立深誓愿：远离恶
法，誓不更造；勤修圣道，誓不退惰；誓成正
觉，誓度众生；众生无尽，我愿无尽。净土之
得往生与否，全视愿力之真切与否，故次信而
明愿也。既发愿已，即应真实修行。修行有种
种，如观想、礼拜、供养、忏悔等，一一行成，
皆生净土；唯持名一法，收机最广，下手最易，修行以持名为
故释迦牟尼说《阿弥陀经》，特拈出此法，可谓最方便
方便中之第一方便。故云："明珠投于浊水，浊
水不得不清；佛号投于乱心，乱心不得不
佛也。"

第五节　念　佛　法　门

执持名号，通称念佛。然念佛法门亦甚多，不外摄众念为一念，化染念为净念，念到一心不乱，则生西之净业成矣。普通有觉性念、观相念、持名念三种。觉性念者，谓随时觉照本性，念念相应，即心即佛，《华严·兜率偈赞品》"以佛为境界，专念而不息，此人得见佛，其数与心等"（一众生念佛得见一佛，多众生念佛得见多佛。见佛之数，与众生之心等也），即觉性念佛之意。观相念者，依《观无量寿佛经》及《观佛三昧海经》等，观想佛身净妙，佛土庄严，至相应时，即得三昧；亦有初发心人，直观塑像、画像，专精念佛者，均属观相念也。持名念，有默持、高声持、金刚持各法。金刚持者，在默持与高声持之间，仅动其口而不出声也。此可随力量所能行之。此外复有和缓念、追顶念、禅定念、参究念之四种。和缓念佛，大约于长期中行之，先将一切放下，渐至观想俱绝，然后提起一个念佛的正念。每一呼吸，默念一字；若系经行，则一步一字。绵绵密密，无缚无脱，自然相应。追顶念者，将一句佛名

觉性念

观相念

持名念

和缓念

追顶念

字句，追顶一直念去，或一日、二日，一七、二七乃至七七，念到三心俱绝，前后际断，霎时虚空粉碎，大地平沉，物我同消，一法不立，方为得手。此法猛勇精进，切忌高声伤气，默努伤血，初学宜慎。但能念念相续，自然一心不乱。禅定念者，先依奢摩他（译言空观），澄诸念虑，寂然不动。静极而觉，然后以静觉心，默念佛号。《坐禅三昧经》云："菩萨坐禅，不念一切，唯念一佛，自得三昧。"此最上最稳之法也。参究念者，于念佛之际，参问念佛是谁，并参此念佛之心，何生何灭、何去何来。参到尽头，豁然开悟，一旦窥见庐山真面，方知众生本来成佛，无欠无余。此禅净双修之法也。以上各种法门，随各人之根性，择定一种，订为终生课程，方能有效；不可随时变换，或执着法尘，反为法所障蔽也。

禅定念

参究念

第十一章　密教　真言宗

第一节　宗　义

真言宗与他宗全异。前述之大乘，如三论、法相、天台、华严，皆以理为本；此则于理之外，特重事相。其缘起论，以客观之地、水、火、风、空、识之六大为主，即以六大为宇宙之本体；此具体之人格，称大日如来（即毗卢遮那之义译）。其所依之经典，如《大日经》《金刚顶经》，亦非释迦佛所说，而为大日如来所说；且谓释迦所说之经，皆是方便，唯此教乃真实之言说，故曰真言。本宗系大日如来所自立，为一切如来秘密之教。大日如来说此教后，上首之金刚萨埵，以所说者集为经文，藏于南天竺之铁塔中。龙猛菩萨（旧译龙树），于佛灭后八百年顷，开此铁塔，面晤金刚萨埵，受其密诀；秘密法门，遂传于世。龙猛授弟子龙智，龙智传金刚智，金刚智偕弟子不空入中

真言宗特重事相

真言宗之得名

中国有真言宗之始

国，为中国真言宗之始。又龙智之弟子善无畏，亦入中国，此教遂盛。然此法门，非从金刚阿阇黎传受，不能入坛行道。明代以其有流弊，禁止之，故久已失传。唯唐代不空之弟子惠果阿阇黎，以此法传授于日本空海（即弘法大师），归而组织完备之真言宗，至今流传不绝。　真言宗独盛于日本

西藏之喇嘛教，亦是密宗，而自印度直接传入。佛教入西藏，远在我国东晋时代；至西纪七百二十八年（唐玄宗时），乞嘌双提赞王在位，请印度莲花生上师至其国，而喇嘛教于是成立。　西藏之密教

今日汉传佛教，多有赴日本或入西藏研求密教者，通称日本所传者为东密，西藏所传者为藏密。　东密与藏密

第二节　两部曼荼罗

两部曼荼罗者：一、金刚界；二、胎藏界。曼荼罗，译为轮圆具足，谓万有互具圆满不缺之意，人人无始劫来固有之宝珠也。金刚有坚固不坏之义，表如来之五智九识；胎藏有摄持含藏之义，表摄持含藏如来一切之功德，如母胎之摄藏婴儿也。胎藏界为理，理诠平等；金刚界为智，智诠差别。理故本有，配本觉；智　金刚界与胎藏界

金胎二界之意义

故修生，配始觉。胎藏界表众生本具之理，故为因；金刚界表观行成功，而开显如来五智之德，故为果。此两部摄尽宇宙万有，而皆具于众生心中，即众生心中之本德也。能证此德者，即身可以成佛，此本宗之特色也。

即身成佛

第三节　四种曼荼罗

四种曼荼罗者：一、大曼荼罗；二、三昧耶曼荼罗；三、法曼荼罗；四、羯磨曼荼罗。略称大、三、法、羯之四曼。大曼荼罗者，指诸佛菩萨之本身，以彩刻绘画等，显其形像，关于全体，故称大。三昧耶曼荼罗者，三昧耶译为本誓，表诸佛菩萨之本愿。或执刀剑，表示瞋恚破邪之相；或持莲华，表示慈悲度生之相。凡所持之标帜及动作皆是也。法曼荼罗者，法谓以文字诠表义理，使人能依此规则而生信解之意。诸佛菩萨之名号、种子（以字母之一字，为诸佛菩萨之本体，如大日如来之种子为"阿"字之类）、真言，及一切经论之文义是也。羯磨曼荼罗者，羯磨译为威仪事业，谓诸佛菩萨之行、住、坐、卧等威仪，济度众生时所显之动作也。以上乃就佛菩萨等之四曼而言；若广义

大曼荼罗

三昧耶曼荼罗

法曼荼罗

羯磨曼荼罗

四曼之广说

解说，则法界之森罗万象，悉有色相；法法尘尘，皆依地、水、火、风、空五大而显，即是大曼荼罗。又法界森罗中，草木国土等诸相，咸表示各个之特性；法法尘尘，各显本誓，即是三昧耶曼荼罗。又法界森罗之诸法，悉有名称等，含有轨持之义，即是法曼荼罗。又法界之万象，悉有业用动作，即是羯磨曼荼罗。一切万有，各具此四曼，是故佛有佛之四曼，菩萨有菩萨之四曼，众生有众生之四曼，鬼畜有鬼畜之四曼，乃至空中飞鸟、水中游鱼、一花一香，无不有此四曼。大曼者，万有之色相；三昧耶者，即其标帜；法曼者，其名称；羯磨者，其作业也。而此四曼，互不相离，且有一曼，则必具足余之三曼。众生界之四曼，不离佛之四曼；佛之四曼，不离众生界之四曼；法性平等，生佛不二，彼此轮圆周备，故有即身成佛之义。

四曼不离

第四节　六大五智五佛

地、水、火、风、空、识，名曰六大，既于缘起论中详之。大者，谓体性广大，遍一切法也。此六大能造一切佛，及一切众生器界等类，本宗谓为宇宙之根本。分言之，地、水、

六大为宇宙之
根本

色心分属金胎两界

火、风、空，色法也，属胎藏界；识，心法也，属金刚界。金、胎为一，色心不二，无一非六大之所造。然亦非先有六大而后出生种种万物也。六大缘起无量万法，无量万法亦缘起六大，

识大分为五智

实有相互之理存焉。而此六大之识，又可分为五智。金、胎两部曼荼罗中，各有五佛，以表

五智分配五佛

五智。一、法界体性智。包含万有，无量无边，名法界；诸法之所依，名体；法尔不坏，名性。此智乃转第九庵摩罗识所成，以配空虚法界身体之大日如来。二、大圆镜智。无边际可得，名大；具足无缺，名圆；实智高悬，万象影现，喻镜。此智乃转第八阿赖耶识所成，以配金刚坚固菩提心体之阿閦如来。三、平等性智。不论有情非情，毫无差别，名平；彼此同如，名等；常住不变，名性。此智乃转第七末那识所成，以配平等金刚福聚庄严身体之宝生如来。四、妙观察智。五眼高临，邪正昭昭不谬，名妙观察智。五眼者，佛眼、法眼、慧眼、天眼、肉眼，即巧妙观察诸法之差别，而说法自在之智也。此智乃转第六意识所成，以配说法利生佛智身体之阿弥陀如来。五、成所作智。自证化他，二利应作，名所作；圆满成就之，名成。此智乃转前五识所成，以配调伏众生自在变化身体之

不空成就如来。五智生于识大，识大又含他之五大，他之五大亦各含他之五大，互相圆融，而为宇宙自在无碍之本体。此本体与佛同体，智慧具足，吾人只须修行三密，念念相应，便可转识成智，即身成佛，此本宗之妙义也。

第五节 三 密 加 持

三密者，宗教实践上之根本要义，密教之名称所由起也。一、身密，手结契印，召请圣众是也。二、语密，口诵真言文句，了了分明无谬误是也。三、意密，心观实相，入本尊之三摩地是也。吾人与大日如来，共以六大为体，四曼为相，本无差别；而以惑业所缠，遂致迷悟殊途。今以三密修行，身持大日之行，口诵大日之言，意契大日之心，于是大日如来之光，映现于吾人之心水；吾人之心水，亦受持大日如来之光，是谓三密加持。加持者，互相加入，彼此摄持之义也。

身密

语密

意密

加持之意义

第六节 三 种 成 佛

本宗三种成佛，又名三种即身成佛。一、理

理具成佛

具成佛。一切众生之身心，即两部之本体。身为五大，是胎藏界之理体；心为识大，是金刚界之智德。故凡夫肉身以外，更无本觉之体性。

加持成佛

肉身当体即大日法身，是谓理具成佛。二、加持成佛。众生本觉之功德，与如来三密之加持力相应，成办一切佛事。依加持之因缘而成佛者，

显得成佛

是谓加持成佛。三、显得成佛。成就三密之修行，而显现法性之万德，是谓显得成佛。

第七节　二教十住心

横判教

本宗判一代佛教为显教与密教，谓之横判教。显教者，显露、显略之意，随所被之机，而为方便说法，即应身佛释迦如来所说三论、法相、天台、华严等诸大乘教是也。密教者，隐密、深密、秘密之意，即法身佛大日如来所说自己内证之实义，事理幽深之真言秘密教也。

竖判教

异生羝羊心

十住心名目，见《大日经·住心品》，所以明一切诸教与自教之别，此谓之竖判教。一、异生羝羊心，异生即凡夫。凡夫狂醉，恣意造恶，但念淫食，如彼羝羊。此三恶道之住心也。

愚童持斋心

二、愚童持斋心，即人间乘之住心。一念善心萌芽，未知出世间之大道，故曰愚童；持斋者，

行五戒十善（杀、盗、淫，身三业；妄言、绮
语、两舌、恶口，口四业；贪欲、瞋恚、愚痴，
意三业。此为十恶业，反之，即十善。不愚痴，
称不邪见）等世间仁义之教也。三、婴童无畏　婴童无畏心
心，即天乘之住心。谓外道之徒，误以升天之
果为涅槃，而得精神之安泰，喻如婴儿由母之
爱，而生常乐无畏之想也。四、唯蕴无我心，即　唯蕴无我心
声闻乘之住心。破外道有我之执，唯以五蕴法
体为三世恒有，而人我已空。此小乘出世间心
之初步也。五、拔业因种心，即缘觉乘之住心。　拔业因种心
以观十二因缘，拔去恶业之因，及根本无明之
种子，故云拔业因种。此由我空而法空，乃小
乘教之极则也。六、他缘大乘心，此为大乘之初　他缘大乘心
门。小乘仅能自度，今则一反其所为，对物起
无缘大悲，进乎大乘。他缘与无缘义同。如法
相宗，即此心所摄也。七、觉心不生心，觉心指　觉心不生心
吾人之本心。法相宗立阿赖耶识，犹是心有境
空；此则心境皆空，如《中观论》开章之八不，
首言不生，悟我心本来不生之理，故云觉心不
生。三论宗即此心所摄也。八、一道无为心，谓　一道无为心
天台宗。一道者，本来清净之理，此理唯一，
无二无三。证此理者，心即是法，法即是心，
境智俱融，无相无为，故云一道无为。天台宗

极无自性心

秘密庄严心

即此心所摄也。九、极无自性心，谓万法之若事若理，本无自性，事理圆融，自在无碍，即真如无自性说之极致。华严宗即此心所摄也。十、秘密庄严心，谓真言秘密一乘之住心。大日如来秘密之万德，开显庄严，吾人以三密得证此本具之功德也。

第十二章　结论

以上各宗，不同之点虽多，然皆由同一原理，渐次发展，结果不外乎空有二门。小乘之成实宗为空门，俱舍宗为有门；由小乘演进至于大乘，三论宗为空门，法相宗为有门：此皆印度固有之教义也。天台、华严，同时开创于中国，融合印度经论，而自成中国之教宗。然天台宗从空门入，华严宗从有门入，仍不离空有也。禅宗直指人心，净土重在实修，亦一从空门入，一从有门入也。密教发展最后，虽重在事相，而其教理，与天台、华严，互有关系；且金刚部从有门入，胎藏部从空门入，亦不外空有也。从空有二轮以入中道，为佛教一贯之原理，而教理之发展，亦于此可考见焉。

各宗不外空有二门

佛教一贯之原理

———————————

［注一］三界九地列表如下：

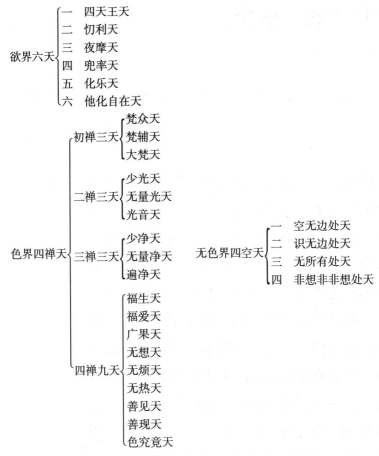

[注二] 劫者，佛家计算长时间之单位也，为"劫波"之略。凡一世界皆有小劫、中劫、大劫，如人寿八万四千岁时，历百年则寿减一岁，如是减至人寿十岁为止；至此又由减而增，子年倍父年，递增至八万四千岁。此一增一减，名为小劫。积二十小劫，为一中劫。此中劫亦曰阿僧祇劫；阿僧祇为数之最大者，义为无量。经一中劫，为世界初成立之时，名成劫；又经一中劫，为世界安住之时，名住劫；又经一中劫，为世界坏灭之时，名坏劫；又经一中劫，为世界空虚之时，名空劫；此时无昼夜日月，唯大黑暗，历成、住、坏、空四劫，为一大劫。

[注三]《成实论》二十卷，共分五聚：发聚、苦谛聚、集谛聚、灭谛聚、道谛聚也。

[注四] 五十二位者，十信、十住、十行、十向、十地、等觉（去佛一等）、妙

觉（究竟佛果）也。

[注五]三灾者，一、火灾，二、水灾，三、风灾也。谓于坏劫时，有七日出现，大地须弥山渐渐奔坏，四大海水展转消尽，大千世界（吾人所居之地，如是者四，共一太阳所照，为一世界；此似今之太阳系。积此世界至一千，名小千世界；积小千世界至一千，名中千世界；又积中千世界至一千，名大千世界。合此三千大千世界，谓之娑婆世界，即释迦牟尼所化之国土也）及初禅天，皆悉洞然无余，是名火灾。初禅天以下，七番火灾，世界坏后复成。又于坏劫之时，渐降大雨，滴如车轴，地下之水涌沸上腾，大千世界乃至二禅天，水皆弥满，一切坏灭，是名水灾。二禅天以下，七番水灾以后，又经七番火灾，世界坏后复成。又于坏劫之时，地下有猛风起，兼以众生业力已尽，故处处生风，大千世界乃至三禅天，悉皆飘荡无余，是名风灾。

八难列表如下：

一、地狱 ……………………………………………………………… 三途

二、畜生 ……………………………………………………………… 三途

三、饿鬼 ……………………………………………………………… 三途

四、长寿天，即第四禅中之无想天；此天以五百劫为寿命，心想不行，如水鱼蛰虫，障于见佛闻法。……………………………………………………… 天道

五、北俱庐州。北俱庐，华言胜处。此处果报，胜余三州。其人寿千岁，命无中夭。为着乐故，不受教化。是以圣人不出其中，不得见佛闻法。…………… 人道

六、盲聋喑哑，诸根不具，值佛不见，说法不闻。………………………… 人道

七、世智辩聪，谓世间邪智聪利者，唯耽外道，不信出世正法。………… 人道

八、生在佛前佛后。生在佛前后者，由业重缘薄，既不见佛，亦不闻法。

…………………………………………………………………………… 人道

[注六]三智在一心中得：三智者，一切智、道种智、一切种智，空假中三观所证得之智也。此三智虽有次第差别，其实融即于一心之中。此心空处，即一切智；此心假处，即道种智；此心中处，即一切种智。三即一，一即三，向来圆融无碍，非悟空后方悟假，悟假后方悟中，初无前后次第，故云三智一心中得。

[注七]藏教生灭四谛，言因缘生法有生有灭也。六根为因，六尘为缘，根尘相对，所起之心，名为生法。声闻用析空观，审谛苦集灭道之法，一一不虚，是名生灭四谛。通教无生四谛，谓此三乘之人，根器稍利，能用体空观，体达五蕴诸法，当体即空，如幻如化。故云苦无逼迫相，集无和合相，灭无生相，道不二相，是名无生四谛。别教无量四谛，谓菩萨所化众生，既无量，其所用法门，亦无有量。故云苦有无量相，十法界果报不同；集有无量相，五住烦恼不同（五住烦恼者，谓三界见惑为一住，名一切见住地；三界思惑，分为三住，名欲爱住地、色爱住地、无色爱住地；根本无明为一住，名无明住地。共成五住也）；道有无量相，恒沙法门不

同；灭有无量相，诸波罗蜜不同。是名无量四谛。圆教无作四谛，大乘菩萨，圆观诸法，事事即理，无有造作。故云阴（五阴）入（六入）皆如（即如理），无苦可舍；尘劳本清净，无集可除；边邪皆中正，无道可修；生死即涅槃，无灭可证。是名无作四谛。

[注八] 五性：声闻性、缘觉性、菩萨性、不定性、无种性也。闻佛声教而得觉悟，曰声闻。观因缘生灭之法，觉悟真空之理，曰缘觉。菩萨，具云菩提萨埵，华言觉有情。悲智双运，自觉觉他，广利众生，证菩提果，是菩萨性也。不定性者，谓遇缘熏习，修行不定，若近声闻则习声闻法，近缘觉则习缘觉法，近菩萨则习菩萨法，各随所习而成其性也。无种者，无善种也，谓不信因果，不受化度，甘溺生死，不求解脱也。

[注九] 过去七佛：一、毗婆尸佛，华言胜观，为七佛之首。二、尸弃佛，华言火，距毗婆尸三十劫而成正觉。三、毗舍浮佛，华言遍一切自在。以上即过去庄严劫中千佛之后三佛也。四、拘留孙佛，华言所应断，谓断尽一切烦恼也。为现在贤劫中千佛之首。五、俱那含牟尼佛，华言金寂，谓金则明现，寂则无碍也。六、迦叶佛，具云迦叶波，华言饮光。谓身光显赫，能饮蔽一切光明也。七、释迦牟尼佛，华言能仁寂默。能仁是姓，寂默是字。寂默故不住生死，能仁故不住涅槃，悲智双运，利物无穷，故立此号。自四至七，为现在贤劫中之四佛。

[注十] 三衣者，一、僧伽黎，华言合，谓割之而合成也；又云大衣。以条数多寡，分上中下三品：二十一条、二十三条、二十五条为上品；十五条、十七条、十九条为中品；九条、十一条、十三条为下品。入王宫、入聚落时用之。二、郁多罗，华言上着衣，即七条之中等衣。礼诵、斋讲时用之。三、安陀会，华言中宿衣，谓睡时近身衣，即五条之下衣。院内行道、杂作时用之。

[注十一] 七种之灭净法：若比丘有净事起，应用七法灭除之。一、现前毗尼（毗尼，调伏也，律之梵名）；二、忆念毗尼；三、不痴毗尼；四、自言治；五、多觅罪相；六、觅罪相；七、如草覆地。

[注十二] 八斋戒者，八事是戒，第九是斋。斋以过午不食为体，以前八事助成斋体，共相支持，故名八支斋法，而不言九。又禁闭八罪，不令毁犯，能关闭一切诸恶，故又名八关斋。通常以初八、十四、十五、二十三、二十九、三十之六斋日，尽一日一夜行之，以种出世正因。此乃以在家人持出家戒也。